Prestiti Ipotecari DSCR per Airbnb

Come Ottenere l'Approvazione per Proprietà Airbnb Utilizzando il Reddito da Affitto Anziché il Reddito Personale

Di Joseph G. Correa

Broker Ipotecario Autorizzato, Finibi Mortgage

Avviso sul Copyright e Nota Legale

Pubblicato da Live Stronger Faster

Le informazioni fornite in questo libro hanno esclusivamente finalità educative e informative e non devono essere interpretate come consulenza finanziaria, legale o fiscale. I lettori sono invitati a consultare professionisti autorizzati prima di prendere qualsiasi decisione finanziaria o immobiliare. L'autore e l'editore non si assumono alcuna responsabilità per eventuali perdite o danni derivanti dall'uso o dall'uso improprio delle informazioni contenute in questa pubblicazione.

Prima Edizione, 2026

Indice dei Contenuti

Prefazione 6

Capitolo 1: Comprendere i Prestiti Ipotecari DSCR per Airbnb – Le Fondamenta del Finanziamento Basato sulla Proprietà 13

Capitolo 2: Come Viene Calcolato il DSCR per le Proprietà Airbnb – Dai Dati all'Approvazione 23

Capitolo 3: Strategia Senza Verifica del Reddito – Come Ottenere l'Approvazione Senza Dichiarazioni dei Redditi Utilizzando i Prestiti DSCR per Airbnb 34

Capitolo 4: Metodi di Valutazione per Proprietà Airbnb – Affitto di Mercato vs. Dati sugli Affitti a Breve Termine 46

Capitolo 5: Credito, Riserve e Posizionamento del Rischio – Come Rafforzare l'Approvazione del Tuo Prestito DSCR per Airbnb 57

Capitolo 6: Espandere il Tuo Portafoglio Airbnb Utilizzando Prestiti DSCR – Da una Proprietà alla Libertà Finanziaria 68

Capitolo 7: Ottimizzare le Performance di Airbnb per Massimizzare il DSCR – Prezzi, Occupazione e Redditività 79

Capitolo 8: Strategie di Rifinanziamento e Cash-Out – Sbloccare l'Equity per Espandere il Tuo Portafoglio Airbnb 89

Capitolo 9: Prestiti Ipotecari Airbnb per Proprietà Multifamiliari – Crescere con Duplex, Triplex e Fourplex 99

Capitolo 10: Strutturazione Avanzata dei Prestiti Ipotecari Airbnb – Combinare DSCR, Prestiti Basati sugli Asset e Finanziamento Creativo 109

Capitolo 11: Gestione del Rischio e Stabilità a Lungo Termine – Proteggere il Tuo Portafoglio Airbnb Durante la Crescita 120

Capitolo 12: Costruire un Sistema Completo di Investimento Airbnb — Dalla Prima Operazione alla Libertà Finanziaria 130

Capitolo 13: Strategie di Uscita e Ricchezza a Lungo Termine – Quando e Come Monetizzare, Mantenere o Trasformare il Tuo Portafoglio Airbnb 140

Capitolo 14: Costruire un'Eredità con gli Investimenti Airbnb – Trasformare il Cash Flow in Ricchezza Generazionale 150

Capitolo 15: Il Blueprint Finale — Dalla Strategia all'Esecuzione e alla Creazione di Ricchezza per Tutta la Vita 160

Considerazioni Finali 169

Come Ottenere una Valutazione Personalizzata per un Mutuo Airbnb 177

Prefazione

Questo libro esiste per abbattere completamente quella barriera. È stato progettato per mostrarti, passo dopo passo, come qualificarti per proprietà di investimento Airbnb utilizzando il reddito generato dalla proprietà stessa invece di fare affidamento sul tuo reddito personale, sulle dichiarazioni dei redditi o sulla tua storia lavorativa. In un mondo in cui il lavoro autonomo è in crescita, dove gli investitori costruiscono molteplici fonti di reddito e dove il tradizionale reddito da lavoro dipendente non rappresenta più lo standard, i prestiti DSCR offrono un nuovo percorso—uno che si allinea perfettamente al modo in cui gli imprenditori moderni realmente guadagnano e costruiscono ricchezza. Invece di chiedere: "Quanto guadagni?", i finanziatori iniziano a porre una domanda molto più potente: "Quanto guadagna la proprietà?"

Nel suo nucleo fondamentale, un prestito ipotecario DSCR per Airbnb si basa su un concetto semplice ma trasformativo conosciuto come Debt Service Coverage Ratio. Questo rapporto misura la relazione tra il reddito prodotto dalla proprietà e le sue spese, determinando se l'immobile è in grado di sostenere autonomamente il proprio debito. A differenza dei finanziamenti convenzionali, che si concentrano fortemente sui documenti finanziari personali, il finanziamento DSCR sposta l'attenzione sulle prestazioni dell'asset. Questo significa che, se la tua proprietà Airbnb genera abbastanza reddito da coprire il mutuo, le tasse, l'assicurazione e gli altri obblighi, puoi qualificarti—anche se il tuo reddito personale non rientra nelle linee guida tradizionali di underwriting. Questo singolo cambiamento di prospettiva apre le porte agli investitori che in precedenza erano esclusi dalle opportunità immobiliari.

Man mano che avanzerai nella lettura di questo libro, inizierai a comprendere che il finanziamento DSCR non è soltanto un prodotto di prestito—è una strategia. È un modo di pensare agli investimenti immobiliari che dà priorità al cash flow, alla scalabilità e all'indipendenza finanziaria. Invece di essere limitato dal tuo reddito personale, puoi iniziare a costruire un portafoglio basato sulle performance. Una proprietà porta a un'altra, e poi a un'altra ancora, creando un effetto composto che ti consente di crescere più velocemente che mai. Questo è esattamente il motivo per cui molti degli investitori di maggior successo nel settore degli affitti a breve termine fanno grande affidamento sul finanziamento DSCR come base della loro crescita.

Uno dei concetti più importanti che padroneggerai in questo libro è il modo in cui il DSCR viene calcolato specificamente per le proprietà Airbnb. A differenza degli affitti a lungo termine, dove il reddito è relativamente stabile e prevedibile, gli affitti a breve termine introducono variabilità. Le tariffe notturne fluttuano, l'occupazione cambia stagionalmente e le performance dipendono da fattori come la posizione, i servizi offerti, il marketing e l'esperienza degli ospiti. Per questo motivo, i finanziatori devono fare affidamento su metodi differenti per stimare il reddito, inclusi piattaforme di dati sugli affitti a breve termine, report sulle performance storiche e proiezioni basate sul mercato. Comprendere come questi numeri vengono calcolati—e come posizionare la tua proprietà per soddisfare o superare i requisiti dei finanziatori—ti offrirà un vantaggio competitivo significativo.

Un altro potente aspetto dei prestiti DSCR per Airbnb è la possibilità di qualificarsi senza la tradizionale verifica del reddito. Per molti investitori, specialmente quelli che sono lavoratori autonomi, possiedono più aziende o utilizzano strategie fiscali aggressive, mostrare un elevato reddito imponibile può essere difficile. I prestiti DSCR eliminano questo ostacolo concentrandosi sull'asset invece che sul mutuatario. Questo significa che puoi continuare a ottimizzare le tue tasse pur qualificandoti per il finanziamento. Significa anche che la tua crescita non è più legata al modo in cui presenti le tue finanze personali, ma piuttosto a quanto bene selezioni e gestisci le tue proprietà.

Tuttavia, con questa flessibilità arriva anche la responsabilità. Il finanziamento DSCR non riguarda il tagliare gli angoli—riguarda il comprendere come strutturare le operazioni in modo intelligente. I finanziatori continuano a valutare il credito, le riserve, la qualità della proprietà e le condizioni di mercato. Vogliono vedere che sei non solo capace di acquisire una proprietà, ma anche di gestirla con successo. Per questo motivo, l'educazione è fondamentale. Gli investitori che hanno successo in questo settore sono coloro che si prendono il tempo di comprendere i numeri, analizzare attentamente le operazioni e posizionarsi come mutuatari a basso rischio anche all'interno di un ambiente di finanziamento flessibile. Nel corso di questo libro, acquisirai inoltre una comprensione approfondita di come funzionano le valutazioni per le proprietà Airbnb. Le valutazioni tradizionali spesso si basano su comparabili di affitti a lungo termine, che possono sottovalutare il potenziale di reddito degli affitti a breve termine. I finanziatori DSCR, invece, possono utilizzare metodi alternativi di valutazione, inclusa l'analisi del reddito da affitto a breve termine, report di mercato e tecniche di valutazione specializzate che tengono conto delle tariffe notturne e delle tendenze di occupazione. Imparare a gestire questo processo—e a presentare la tua proprietà nel modo più forte possibile—può fare la differenza tra approvazione e rifiuto.

Ciò che rende questo libro diverso è il suo focus sull'applicazione pratica. Questa non è teoria. Queste non sono informazioni obsolete basate su modelli di finanziamento tradizionali. Questa è una guida reale costruita attorno al panorama attuale degli investimenti Airbnb e del finanziamento DSCR. Imparerai come pensano i finanziatori, cosa cercano e come posizionarti per ottenere approvazioni in modo costante. Ancora più importante, imparerai come utilizzare i prestiti DSCR non solo per acquisire una proprietà, ma per costruire un sistema scalabile che generi reddito a lungo termine e libertà finanziaria.

Continuando a leggere, inizierai a capire che i prestiti ipotecari DSCR per Airbnb non riguardano soltanto la qualificazione—riguardano lo sbloccare un nuovo livello di opportunità. Ti permettono di muoverti più velocemente, crescere in modo più intelligente e operare con maggiore flessibilità. Allineano la tua strategia di finanziamento con la tua strategia di investimento, creando un percorso fluido dall'acquisizione al cash flow fino all'espansione. Questo allineamento è ciò che separa gli investitori occasionali da coloro che costruiscono veri imperi immobiliari.

Esiste anche un cambiamento di mentalità che deve avvenire quando si lavora con i prestiti DSCR. Non sei più soltanto un mutuatario—sei un operatore. Sei responsabile delle performance del tuo asset. Questo significa comprendere il tuo mercato, ottimizzare il tuo annuncio, gestire le spese e migliorare continuamente la redditività della tua proprietà. Migliori sono le performance della tua proprietà, più facile diventa qualificarti per ulteriori finanziamenti. In questo modo, il tuo successo si amplifica nel tempo, creando un ciclo di crescita che diventa sempre più potente con ogni operazione completata.

Per molti aspetti, i prestiti DSCR per Airbnb rappresentano il futuro del finanziamento immobiliare. Riflettono un cambiamento più ampio verso il finanziamento basato sugli asset, dove le performance contano più della documentazione. Riconoscono la realtà delle moderne strutture di reddito e forniscono una soluzione che è sia flessibile che scalabile. Per gli investitori disposti a imparare e adattarsi, questo crea un'opportunità senza precedenti per costruire ricchezza alle proprie condizioni.

Alla fine di questo libro, avrai una chiara comprensione di come funzionano i prestiti ipotecari DSCR per Airbnb, di come calcolare e migliorare il tuo DSCR, di come qualificarti senza reddito tradizionale e di come posizionare le tue operazioni per ottenere approvazione. Ancora più importante, avrai la fiducia necessaria per agire. Perché la conoscenza da sola non basta—il vero potere deriva dall'applicare ciò che impari e utilizzarlo per creare risultati concreti.

Questo è il tuo punto di ingresso verso un nuovo modo di investire, un nuovo modo di qualificarti e un nuovo modo di pensare al settore immobiliare. Gli strumenti sono qui. La strategia è qui. L'opportunità è qui. Ora sta a te fare il passo successivo e trasformare quell'opportunità in un portafoglio che produca reddito, libertà e ricchezza a lungo termine attraverso il potere dei prestiti ipotecari DSCR per Airbnb.

Capitolo 1

Comprendere i Prestiti Ipotecari DSCR per Airbnb — Le Fondamenta del Finanziamento Basato sulla Proprietà

Le fondamenta del moderno investimento Airbnb iniziano con un cambiamento fondamentale nel modo in cui i finanziatori valutano i mutuatari, e questo cambiamento è rappresentato al meglio dai prestiti ipotecari DSCR per Airbnb. Per decenni, il finanziamento tradizionale si è concentrato quasi interamente sul mutuatario—reddito, dichiarazioni dei redditi, storia lavorativa e obblighi debitori. Sebbene questo sistema funzionasse per i dipendenti con redditi prevedibili, creava barriere per imprenditori, investitori e lavoratori autonomi i cui profili finanziari non rientravano perfettamente nei tradizionali criteri di underwriting. Con l'espansione del mercato degli affitti a breve termine e con piattaforme come Airbnb che hanno trasformato il modo in cui gli immobili generano reddito, i finanziatori sono stati costretti ad adattarsi. I prestiti DSCR sono emersi come una risposta diretta a questa evoluzione, offrendo un approccio al finanziamento più flessibile e basato sulle performance.

Al centro del finanziamento DSCR vi è un'idea semplice ma potente: la proprietà dovrebbe essere in grado di sostenersi da sola. Invece di chiedere quanto denaro guadagni personalmente, i finanziatori valutano quanto reddito produce la proprietà rispetto alle sue spese. Questo crea un percorso completamente diverso per ottenere l'approvazione, uno che si allinea perfettamente con il modello di business degli investimenti Airbnb. Quando gestisci un affitto a breve termine, stai essenzialmente dirigendo un'attività di ospitalità. La tua proprietà genera entrate attraverso prenotazioni notturne, e il tuo successo dipende dalla tua capacità di gestire occupazione, prezzi ed esperienza degli ospiti. I prestiti DSCR riconoscono questa realtà e trattano la proprietà come un asset autonomo generatore di reddito.

Per comprendere appieno i prestiti DSCR per Airbnb, è importante capire il concetto stesso di Debt Service Coverage Ratio. Questo rapporto misura la relazione tra il reddito lordo o netto di una proprietà e i suoi obblighi debitori complessivi, inclusi pagamenti ipotecari, tasse, assicurazione e talvolta quote associative. Un DSCR di 1,0 significa che la proprietà genera appena abbastanza reddito per coprire le proprie spese. Un DSCR superiore a 1,0 indica un cash flow positivo, mentre un DSCR inferiore a 1,0 suggerisce che la proprietà potrebbe non sostenere completamente il proprio debito. La maggior parte dei finanziatori cerca un DSCR minimo compreso tra 1,0 e 1,25, a seconda del programma, del tipo di proprietà e del profilo del mutuatario. Più alto è il rapporto, più forte appare l'operazione dal punto di vista del finanziatore.

Ciò che rende uniche le proprietà Airbnb in questa equazione è la variabilità del reddito. A differenza degli affitti a lungo termine, dove un inquilino paga un affitto mensile fisso, gli affitti a breve termine operano con prezzi dinamici. Le tariffe notturne possono cambiare in base alla domanda, alla stagionalità, agli eventi locali e alle condizioni generali del mercato. Questo introduce sia opportunità che complessità. Da un lato, le proprietà Airbnb spesso generano redditi significativamente più elevati rispetto agli affitti tradizionali, specialmente nei mercati ad alta domanda. Dall'altro lato, i finanziatori devono fare affidamento su proiezioni e analisi di dati piuttosto che su contratti di locazione fissi. È qui che entrano in gioco strumenti specializzati e metodi di valutazione avanzati, che consentono ai finanziatori di stimare il reddito utilizzando performance storiche, dati comparabili di affitti a breve termine e analisi di mercato.

Un'altra caratteristica distintiva dei prestiti DSCR per Airbnb è la minore enfasi sulla verifica del reddito personale. In molti casi, ai mutuatari non viene richiesto di fornire dichiarazioni dei redditi, W-2 o buste paga. Questo è particolarmente vantaggioso per i lavoratori autonomi che possono dedurre spese per ridurre il reddito imponibile, rendendo difficile qualificarsi secondo le linee guida tradizionali. Con i prestiti DSCR, l'attenzione si sposta interamente sull'asset. Finché la proprietà soddisfa la soglia DSCR richiesta e il mutuatario soddisfa i requisiti di base relativi a credito e riserve, ottenere l'approvazione diventa molto più realistico. Questo apre le porte a una gamma più ampia di investitori, inclusi coloro che stanno costruendo aziende, ampliando portafogli o passando all'investimento immobiliare a tempo pieno. Tuttavia, questa flessibilità non significa che i prestiti DSCR siano facili o privi di rischio. I finanziatori continuano a valutare il rischio complessivo della transazione, incluso il punteggio di credito del mutuatario, la liquidità e l'esperienza. Valutano anche la posizione della proprietà, le sue condizioni e la domanda del mercato. Una proprietà scelta male in un mercato debole potrebbe avere difficoltà a generare reddito sufficiente, indipendentemente dalla struttura del finanziamento. Per questo motivo, gli investitori DSCR di successo si concentrano fortemente sulla selezione delle operazioni. Analizzano il reddito potenziale, i tassi di occupazione e le spese operative prima di effettuare un acquisto, assicurandosi che i numeri supportino sia l'approvazione del prestito che la redditività a lungo termine.

Uno dei cambiamenti più importanti che devi fare come investitore è iniziare a pensare come un finanziatore. Quando valuti un'operazione, dovresti porti le stesse domande che si porrebbe un finanziatore. Questa proprietà genera abbastanza reddito per coprire le sue spese? Esiste un margine di sicurezza nel caso in cui l'occupazione diminuisca o le spese aumentino? Come si confronta questa proprietà con altre nello stesso mercato? Adottando questa mentalità, non solo aumenti le tue probabilità di approvazione, ma ti posizioni anche per un successo sostenibile. Il finanziamento DSCR premia investitori disciplinati e guidati dai dati che comprendono come bilanciare rischio e rendimento.

Un altro vantaggio chiave dei prestiti DSCR per Airbnb è la scalabilità. Poiché questi prestiti si basano sulle performance della proprietà piuttosto che sul reddito personale, consentono agli investitori di acquisire più proprietà senza essere limitati dai rapporti debito/reddito. Nel finanziamento tradizionale, la tua capacità di prendere in prestito diminuisce man mano che assumi più debito. Con i prestiti DSCR, ogni proprietà viene valutata indipendentemente, il che significa che un investimento di successo può portare a un altro, e poi a un altro ancora, creando un effetto composto. Questo è uno dei motivi principali per cui il finanziamento DSCR è diventato la strategia preferita dagli investitori che desiderano costruire grandi portafogli di proprietà per affitti a breve termine.

È inoltre importante comprendere il ruolo delle riserve nel finanziamento DSCR. I finanziatori richiedono generalmente ai mutuatari di disporre di una certa quantità di riserve liquide, spesso espresse come un numero di mesi di pagamenti ipotecari. Queste riserve fungono da rete di sicurezza, garantendo che il mutuatario possa continuare a effettuare i pagamenti anche se la proprietà attraversa temporanee fluttuazioni di reddito. Per gli investitori Airbnb, mantenere riserve adeguate non è soltanto un requisito—è una best practice. Il mercato degli affitti a breve termine può essere imprevedibile, e avere un cuscinetto finanziario ti consente di affrontare periodi di minore occupazione senza stress.

Continuando questo libro, vedrai che i prestiti ipotecari DSCR per Airbnb non sono soltanto uno strumento di finanziamento—sono un vantaggio strategico. Ti permettono di allineare il tuo finanziamento con i tuoi obiettivi di investimento, concentrandoti su cash flow, scalabilità e crescita a lungo termine. Ti danno la libertà di operare come un vero investitore, costruendo un portafoglio basato sulle performance piuttosto che sui limiti personali. Ancora più importante, offrono un percorso verso l'indipendenza finanziaria che è accessibile, flessibile e scalabile.

Questo capitolo funge da fondamento. Introduce i concetti chiave, i principi e i cambiamenti di mentalità che ti guideranno nel resto di questo libro. Comprendendo come funzionano i prestiti DSCR per Airbnb e come i finanziatori valutano le operazioni, sei già avanti rispetto alla maggior parte degli investitori che affrontano il settore immobiliare senza questa conoscenza. Da qui, approfondiremo i meccanismi dei calcoli DSCR, delle proiezioni di reddito e della strutturazione delle operazioni, fornendoti gli strumenti necessari per acquisire e ampliare con sicurezza proprietà Airbnb utilizzando questa potente strategia di finanziamento.

Prestito DSCR Airbnb in Azione

Immagina un investitore di nome Daniel che desidera acquistare una proprietà per affitti a breve termine in un mercato turistico ad alta domanda. Il prezzo di acquisto della proprietà è di 500.000 dollari, e Daniel prevede di utilizzare un prestito DSCR per Airbnb con un acconto del 20%. Questo significa che investirà 100.000 dollari del proprio capitale e finanzierà i restanti 400.000 dollari. Il tasso di interesse del prestito è del 7,5% con una durata di 30 anni, risultando in un pagamento mensile di capitale e interessi di circa 2.797 dollari.

Inoltre, la proprietà ha tasse mensili pari a 500 dollari e costi assicurativi di 200 dollari, portando l'obbligo debitorio mensile totale a 3.497 dollari.

DSCR=\frac{\text{Reddito Mensile da Affitto}}{\text{Servizio Totale del Debito Mensile}}

Ora, invece di chiedere quanto Daniel guadagni personalmente, il finanziatore si concentra sul potenziale di reddito della proprietà. Sulla base dei dati relativi agli affitti a breve termine e delle proprietà comparabili nella zona, la tariffa media giornaliera prevista è di 250 dollari e il tasso di occupazione atteso è del 70%. Questo significa che si prevede che la proprietà venga prenotata per circa 21 giorni al mese. Moltiplicando 21 giorni per la tariffa notturna di 250 dollari, si ottiene un reddito lordo mensile previsto di 5.250 dollari.

Da questo reddito lordo, Daniel deve considerare spese operative come pulizie, gestione della proprietà, utenze, manutenzione e commissioni della piattaforma. Queste spese ammontano a circa 1.250 dollari al mese, lasciando un reddito operativo netto di 4.000 dollari. Questo è il numero che verrà utilizzato per calcolare il DSCR.

Utilizzando la formula del DSCR, dividiamo il reddito operativo netto di 4.000 dollari per l'obbligo debitorio mensile totale di 3.497 dollari. Questo produce un DSCR di circa 1,14. Ciò significa che la proprietà genera il 14% in più di reddito rispetto a quanto necessario per coprire i propri obblighi debitori. Sebbene questo valore sia superiore alla soglia minima di 1,0, alcuni finanziatori potrebbero richiedere un rapporto più elevato, come 1,2 o 1,25, a seconda del profilo di rischio. Tuttavia, molti programmi DSCR approveranno operazioni con un DSCR di 1,14, soprattutto se il mutuatario dispone di un forte profilo creditizio e buone riserve.

Ora, esploriamo come piccoli cambiamenti possano influenzare questo scenario. Se Daniel migliora le performance della proprietà aumentando la tariffa media giornaliera a 275 dollari attraverso un miglior marketing, design ed esperienza degli ospiti, il suo reddito lordo mensile aumenterà a 5.775 dollari. Dopo le spese, il suo reddito operativo netto salirà a circa 4.500 dollari. Dividendo questo importo per lo stesso obbligo debitorio di 3.497 dollari, si ottiene un DSCR di 1,29. Questo rafforza significativamente l'operazione, rendendola più attraente per i finanziatori e offrendo un maggiore margine di sicurezza.

In alternativa, considera cosa accade se l'occupazione scende al 60% a causa della stagionalità o di una maggiore concorrenza. In questo caso, la proprietà verrebbe prenotata solo per 18 giorni al mese, generando 4.500 dollari di reddito lordo alla tariffa originale di 250 dollari per notte. Dopo le spese, il reddito operativo netto sarebbe di circa 3.250 dollari. Dividendo questo importo per l'obbligo debitorio di 3.497 dollari, si ottiene un DSCR di 0,93, che scende al di sotto della soglia accettabile. Questo evidenzia l'importanza di un underwriting prudente e del mantenimento di riserve adeguate per gestire le fluttuazioni delle performance. Questo esempio dimostra come i prestiti DSCR per Airbnb siano direttamente collegati alle performance della proprietà. Ogni decisione—dalla strategia di prezzo alla gestione della proprietà—influisce sulla tua capacità di qualificarti e avere successo. Comprendendo queste dinamiche e gestendo attivamente la tua proprietà per massimizzare il reddito, puoi non solo ottenere il finanziamento, ma anche costruire un portafoglio che generi cash flow costante e ricchezza a lungo termine.

Capitolo 2

Come Viene Calcolato il DSCR per le Proprietà Airbnb — Dai Dati all'Approvazione

Comprendere come viene calcolato il DSCR per le proprietà Airbnb è una delle competenze più importanti che puoi sviluppare come investitore nel settore degli affitti a breve termine. Sebbene il concetto di DSCR possa sembrare semplice a prima vista, il modo in cui viene applicato alle proprietà Airbnb introduce livelli di complessità che possono rafforzare o indebolire la tua capacità di ottenere un finanziamento. A differenza delle proprietà in affitto tradizionali, dove il reddito è fisso e prevedibile, le proprietà Airbnb operano in un ambiente dinamico influenzato dalla strategia di prezzo, dalle tendenze di occupazione, dalla stagionalità, dalla concorrenza e dalla domanda degli ospiti. Per questo motivo, i finanziatori si affidano a una combinazione di fonti di dati, proiezioni e metodi standardizzati di underwriting per determinare se la tua proprietà soddisfa i requisiti DSCR.

Nel suo nucleo essenziale, il DSCR è un rapporto che confronta il reddito generato da una proprietà con il costo totale del servizio del debito. Tuttavia, la domanda più importante non riguarda la formula in sé—riguarda il modo in cui viene determinato il reddito. Per gli affitti a lungo termine, questo processo è semplice. Un contratto di locazione firmato fornisce un importo mensile chiaro. Ma per le proprietà Airbnb, non esiste un contratto fisso. I finanziatori devono invece stimare il reddito basandosi su dati di mercato, performance storiche e proprietà comparabili per affitti a breve termine. Questo processo di stima è il punto in cui entrano in gioco la vera arte e la scienza del finanziamento DSCR per Airbnb.

I finanziatori utilizzano generalmente uno dei tre metodi principali per determinare il reddito Airbnb. Il primo è rappresentato dai dati di mercato sugli affitti a breve termine, spesso provenienti da piattaforme come AirDNA o fornitori simili di analisi. Queste piattaforme aggregano dati provenienti da migliaia di annunci Airbnb e forniscono informazioni sulle tariffe medie giornaliere, sui livelli di occupazione e sulle proiezioni di reddito mensile per mercati specifici. Analizzando proprietà comparabili nella stessa area, i finanziatori possono stimare quanto la tua proprietà sia in grado di generare. Questo metodo è ampiamente utilizzato perché offre un approccio oggettivo e basato sui dati che riduce l'incertezza.

Il secondo metodo è il reddito storico, applicabile se la proprietà è già operativa come affitto a breve termine. In questo caso, i finanziatori possono esaminare dati reali sulle prenotazioni, inclusi redditi passati, tassi di occupazione e tendenze di performance. Questo può rappresentare un grande vantaggio se la proprietà ha una solida storia di risultati, poiché dimostra un reddito comprovato invece di semplici stime. Tuttavia, i finanziatori possono comunque applicare aggiustamenti per tenere conto dei cambiamenti di mercato, assicurandosi che il reddito utilizzato per l'underwriting sia sostenibile e non eccessivamente ottimistico. Il terzo metodo coinvolge l'analisi del reddito basata sulla perizia. Alcuni finanziatori DSCR utilizzano valutazioni specializzate che includono proiezioni di reddito per affitti a breve termine. Queste perizie vanno oltre i metodi tradizionali di valutazione incorporando dati di affitto di mercato sia per scenari di affitto a lungo termine sia per affitti a breve termine. Il perito valuta proprietà comparabili, analizza la domanda locale e fornisce una stima del reddito che può essere utilizzata per i calcoli DSCR. Questo approccio ibrido aiuta a colmare il divario tra la valutazione immobiliare tradizionale e le moderne performance degli affitti a breve termine.

Una volta stabilito il reddito, il passo successivo consiste nel determinare le spese della proprietà. Questo include non solo il pagamento del mutuo, ma anche tasse, assicurazione e talvolta quote associative. In molti casi, i finanziatori si concentrano principalmente sul servizio totale mensile del debito, spesso definito PITIA—capitale, interessi, tasse, assicurazione e quote associative. Le spese operative come pulizie, manutenzione e gestione talvolta vengono escluse dal calcolo DSCR, a seconda del finanziatore, ma gli investitori esperti tengono sempre conto di questi costi quando valutano le operazioni per garantire una reale redditività.

Una delle principali differenze tra investitori principianti ed esperti riguarda il modo in cui affrontano questi numeri. Un principiante può fare affidamento esclusivamente sulle proiezioni del finanziatore, mentre un investitore esperto esegue la propria analisi indipendente. Analizza più fonti di dati, apporta aggiustamenti per la stagionalità e utilizza ipotesi conservative per assicurarsi che l'operazione rimanga sostenibile in diverse condizioni. Questo livello di diligenza non solo migliora le probabilità di approvazione, ma protegge anche da sfide finanziarie impreviste dopo la chiusura dell'operazione.

La stagionalità gioca un ruolo fondamentale nel reddito Airbnb, e comprenderla è essenziale per calcoli DSCR accurati. Molti mercati sperimentano fluttuazioni della domanda durante l'anno, con le stagioni di punta che generano redditi significativamente più elevati rispetto ai periodi di bassa stagione. I finanziatori generalmente calcolano una media del reddito su un periodo di 12 mesi per tenere conto di queste variazioni, ma come investitore devi andare oltre. Dovresti analizzare le tendenze mensili, identificare i periodi di alta e bassa stagione e assicurarti che la tua proprietà possa sostenere i propri obblighi debitori anche durante i periodi più lenti. È qui che avere riserve adeguate diventa cruciale.

Un altro fattore importante è la strategia di prezzo. La tariffa media giornaliera non è fissa—può essere ottimizzata in base alla domanda, alla concorrenza e alle caratteristiche della proprietà. Gli investitori che gestiscono attivamente i propri prezzi utilizzando strumenti di pricing dinamico possono spesso ottenere ricavi superiori rispetto alle proiezioni statiche. Questo crea un'opportunità per migliorare il DSCR non solo attraverso la selezione della proprietà, ma anche attraverso l'eccellenza operativa. In altre parole, la tua capacità di gestire efficacemente la proprietà può influenzare direttamente i tuoi risultati di finanziamento.

È inoltre importante comprendere come i finanziatori gestiscono gli aggiustamenti conservativi. In alcuni casi, i finanziatori possono applicare una riduzione al reddito previsto, diminuendolo di una certa percentuale per tenere conto dell'incertezza. Ad esempio, se i dati di mercato suggeriscono un reddito mensile di 6.000 dollari, un finanziatore potrebbe utilizzare soltanto 5.400 dollari per i calcoli DSCR. Sebbene ciò possa sembrare restrittivo, è progettato per garantire che la proprietà rimanga sostenibile anche in condizioni meno favorevoli. Come investitore, dovresti sempre essere consapevole di questi aggiustamenti e considerarli nelle tue analisi.

Man mano che continui a sviluppare la tua comprensione dei calcoli DSCR, inizierai a notare degli schemi ricorrenti. Le proprietà situate in mercati forti con alta domanda, caratteristiche uniche e una gestione efficace tendono a produrre rapporti DSCR più elevati. Al contrario, le proprietà in mercati saturi o altamente stagionali possono avere difficoltà a soddisfare i requisiti dei finanziatori. Per questo motivo, posizione, tipo di proprietà e analisi di mercato sono importanti tanto quanto il finanziamento stesso. Un ottimo prestito non può compensare una cattiva operazione, ma una forte operazione può sbloccare potenti opportunità di finanziamento.

In definitiva, padroneggiare i calcoli DSCR riguarda molto più che qualificarsi per un prestito. Significa sviluppare la capacità di valutare opportunità con precisione e sicurezza. Significa comprendere come viene generato il reddito, come vengono gestite le spese e come questi fattori interagiscono per creare cash flow sostenibile. Quando riesci a guardare una proprietà e determinare rapidamente il suo potenziale DSCR, ottieni un vantaggio significativo in un mercato competitivo. Puoi muoverti più velocemente, prendere decisioni migliori e posizionarti per il successo a lungo termine.

Questo capitolo è progettato per offrirti quella base. Comprendendo come viene calcolato il DSCR per le proprietà Airbnb, ti stai dotando di uno degli strumenti più preziosi negli investimenti immobiliari. Man mano che procederemo, imparerai come applicare questi concetti in scenari reali, affinare le tue analisi e utilizzare il DSCR come leva strategica per costruire e ampliare il tuo portafoglio Airbnb.

Calcolo DSCR con Dati Airbnb e Analisi di Scenario

Per comprendere pienamente come funzionano i calcoli DSCR negli investimenti Airbnb reali, analizziamo un esempio dettagliato che dimostra come diverse variabili influenzino la tua capacità di qualificarti per un prestito DSCR. Immagina un'investitrice di nome Sofia che sta acquistando una proprietà per affitti a breve termine in una popolare destinazione turistica. Il prezzo di acquisto è di 600.000 dollari, e Sofia prevede di versare un acconto del 25%, risultando in un importo di prestito pari a 450.000 dollari. Il tasso di interesse è del 7,25% su un prestito fisso a 30 anni, con un pagamento mensile di capitale e interessi di circa 3.071 dollari. Le tasse sulla proprietà sono pari a 600 dollari al mese, l'assicurazione è di 250 dollari e le quote HOA ammontano a 150 dollari, portando il servizio totale mensile del debito a 4.071 dollari.

$$DSCR=\frac{\text{Reddito Operativo Netto}}{\text{Servizio Totale del Debito Mensile}}$$

Ora passiamo al reddito. Sulla base dei dati sugli affitti a breve termine, la tariffa media giornaliera per proprietà comparabili è di 300 dollari e il tasso di occupazione previsto è del 68%. Questo significa che si prevede che la proprietà venga prenotata per circa 20,4 giorni al mese. Moltiplicando 20,4 giorni per la tariffa notturna di 300 dollari si ottiene un reddito lordo mensile di 6.120 dollari.

Successivamente, consideriamo le spese operative. Sofia stima costi mensili pari a 1.500 dollari, inclusi pulizie, utenze, manutenzione, forniture e commissioni della piattaforma. Questo lascia un reddito operativo netto di 4.620 dollari.

Dividendo questo importo per il servizio totale del debito di 4.071 dollari, si ottiene un DSCR di circa 1,13. Questo valore è leggermente superiore alla soglia minima, rendendo l'operazione potenzialmente approvabile a seconda dei requisiti del finanziatore.

Ora analizziamo come diversi scenari influenzano questo DSCR. Innanzitutto, considera un miglioramento della strategia di prezzo. Se Sofia migliora il design e il marketing della proprietà, aumentando la tariffa media giornaliera a 325 dollari mantenendo la stessa occupazione, il reddito lordo mensile aumenta a 6.630 dollari. Dopo le spese, il reddito operativo netto sale a 5.130 dollari. Dividendo questo importo per lo stesso servizio del debito si ottiene un DSCR di 1,26, rafforzando significativamente l'operazione.

Successivamente, consideriamo un calo dell'occupazione dovuto alla stagionalità. Se l'occupazione diminuisce al 55%, la proprietà verrebbe prenotata per circa 16,5 giorni al mese. Alla tariffa originale di 300 dollari per notte, questo genera un reddito lordo mensile di 4.950 dollari. Dopo le spese, il reddito operativo netto scende a 3.450 dollari. Dividendo questo importo per il servizio del debito di 4.071 dollari si ottiene un DSCR di 0,85, che probabilmente comporterebbe il rifiuto del prestito. Questo evidenzia l'importanza di analizzare gli scenari peggiori e mantenere adeguate riserve.

Ora esploriamo l'impatto della gestione delle spese. Se Sofia riduce le sue spese operative da 1.500 a 1.200 dollari attraverso una migliore negoziazione con i fornitori e l'autogestione, il suo reddito operativo netto aumenta a 4.920 dollari al livello di reddito originale. Questo produce un DSCR di 1,21, che potrebbe soddisfare requisiti più rigorosi dei finanziatori. Questo dimostra che il DSCR non è influenzato soltanto dal reddito, ma anche dall'efficienza con cui gestisci i costi.

Infine, considera un finanziatore che applica una riduzione conservativa del reddito del 10%. Invece di utilizzare il reddito lordo previsto di 6.120 dollari, il finanziatore utilizza 5.508 dollari. Dopo le spese, il reddito operativo netto diventa 4.008 dollari. Dividendo questo importo per il servizio del debito di 4.071 dollari si ottiene un DSCR di 0,98, che scende sotto la soglia minima. In questo caso, Sofia potrebbe dover aumentare il proprio acconto, migliorare la strategia di prezzo o scegliere un mercato più forte per qualificarsi.

Questo esempio illustra la natura dinamica del finanziamento DSCR per Airbnb. Ogni variabile—prezzi, occupazione, spese e aggiustamenti del finanziatore—gioca un ruolo fondamentale nel determinare il tuo risultato. Comprendendo come questi fattori interagiscono e gestendoli attivamente, puoi posizionarti per ottenere l'approvazione mentre costruisci una proprietà che genera cash flow costante e affidabile.

Capitolo 3

Strategia Senza Verifica del Reddito – Come Ottenere l'Approvazione Senza Dichiarazioni dei Redditi Utilizzando i Prestiti DSCR per Airbnb

Uno dei vantaggi più potenti dei prestiti ipotecari DSCR per Airbnb è la possibilità di qualificarsi senza la tradizionale verifica del reddito. Per decenni, il finanziamento immobiliare è stato costruito attorno a una struttura rigida che dà priorità alle dichiarazioni dei redditi, ai moduli W-2 e alla storia lavorativa documentata. Sebbene questo sistema funzioni per i dipendenti con redditi stabili, crea ostacoli significativi per imprenditori, lavoratori autonomi e investitori che strutturano strategicamente le proprie finanze. Nel mondo di oggi, dove il reddito può provenire da molteplici fonti—business online, investimenti, consulenze e prodotti digitali—il modello tradizionale spesso non riesce a rappresentare la reale forza finanziaria di un mutuatario. Il finanziamento DSCR cambia completamente questo approccio spostando l'attenzione dal reddito personale alla performance dell'asset.

Nel suo nucleo fondamentale, la strategia senza verifica del reddito riguarda l'allineamento del tuo finanziamento con il tuo modello di investimento. Quando acquisti una proprietà Airbnb, non fai affidamento su uno stipendio per effettuare i pagamenti del mutuo. Ti affidi invece al reddito generato dalla proprietà stessa. I prestiti DSCR riconoscono questa realtà e ti consentono di qualificarti in base alla capacità della proprietà di produrre cash flow. Questo crea un'opportunità unica per investitori che potrebbero non mostrare un elevato reddito imponibile a causa di deduzioni fiscali, strategie di reinvestimento o strutture aziendali. Consente inoltre di ampliare il proprio portafoglio senza essere limitati dai tradizionali rapporti debito/reddito, che possono diventare rapidamente restrittivi man mano che si acquisiscono più proprietà.

Per implementare con successo una strategia senza verifica del reddito, devi comprendere cosa cercano i finanziatori al posto della documentazione reddituale tradizionale. Sebbene i prestiti DSCR eliminino la necessità di dichiarazioni dei redditi, non eliminano la valutazione del rischio. I finanziatori continuano a valutare il tuo punteggio di credito, la liquidità, le riserve e il profilo finanziario complessivo. Un forte punteggio di credito dimostra la tua capacità di gestire il debito in modo responsabile, mentre riserve sufficienti mostrano che puoi gestire fluttuazioni temporanee del reddito della proprietà. Questi fattori diventano ancora più importanti in assenza di verifica del reddito, poiché forniscono ai finanziatori la fiducia necessaria sul fatto che tu possa sostenere l'investimento.

Un altro componente chiave di questa strategia è la selezione della proprietà. Poiché il prestito si basa sul reddito della proprietà, scegliere la proprietà giusta è fondamentale. Un Airbnb ad alte prestazioni in un mercato forte può facilmente soddisfare i requisiti DSCR, mentre una proprietà scelta male potrebbe avere difficoltà a qualificarsi indipendentemente dalla tua solidità finanziaria. Questo significa che devi affrontare ogni operazione con una mentalità guidata dai dati, analizzando reddito previsto, tassi di occupazione e spese operative. L'obiettivo è garantire che la proprietà non solo soddisfi i requisiti del finanziatore, ma generi anche cash flow sufficiente a supportare la tua strategia di investimento a lungo termine.

La liquidità e le riserve svolgono un ruolo centrale nel finanziamento DSCR, specialmente negli scenari senza verifica del reddito. La maggior parte dei finanziatori richiede un determinato numero di mesi di riserve, generalmente da tre a dodici mesi di pagamenti ipotecari. Queste riserve fungono da rete di sicurezza, assicurando che tu possa continuare a effettuare i pagamenti anche se la proprietà subisce un temporaneo calo di reddito. Per gli investitori Airbnb, questo è particolarmente importante a causa della variabilità del reddito da affitto a breve termine. Stagionalità, condizioni di mercato ed eventi imprevisti possono influenzare occupazione e ricavi, rendendo essenziale mantenere un cuscinetto finanziario.

Il posizionamento del credito è un altro fattore critico. Sebbene i prestiti DSCR siano più flessibili rispetto ai prestiti tradizionali, richiedono comunque un punteggio di credito minimo, spesso compreso tra 620 e 700 o superiore a seconda del programma. Un punteggio di credito più elevato può portare a tassi di interesse migliori, requisiti di acconto inferiori e condizioni di prestito più favorevoli. Come investitore, dovresti considerare il tuo profilo creditizio come un asset strategico, gestendolo attivamente per massimizzare il tuo potere di prestito. Questo include mantenere un basso utilizzo del credito, effettuare pagamenti puntuali ed evitare debiti inutili.

Uno degli aspetti più fraintesi dei prestiti DSCR senza verifica del reddito riguarda il ruolo della documentazione. Sebbene non sia necessario fornire dichiarazioni dei redditi o verifiche di impiego, devi comunque fornire informazioni dettagliate sulla proprietà e sulla transazione. Questo include il contratto di acquisto, la perizia, i dettagli assicurativi e talvolta un report sul reddito da affitto a breve termine. I finanziatori utilizzano queste informazioni per valutare la sostenibilità dell'operazione e assicurarsi che la proprietà soddisfi i loro criteri di underwriting. Essere organizzati e preparati può semplificare notevolmente il processo di approvazione e aumentare le probabilità di successo.

Un altro vantaggio di questa strategia è la possibilità di separare le finanze personali da quelle di investimento. Qualificandoti in base alla proprietà piuttosto che al tuo reddito personale, crei una chiara distinzione tra la tua vita finanziaria personale e le tue attività di investimento. Questo può offrire maggiore flessibilità e protezione, consentendoti di strutturare i tuoi investimenti in modo allineato ai tuoi obiettivi a lungo termine. Molti investitori utilizzano entità aziendali come LLC per detenere le proprie proprietà, migliorando ulteriormente questa separazione e ottenendo benefici aggiuntivi come protezione della responsabilità e maggiore efficienza fiscale.

La scalabilità è il punto in cui la strategia senza verifica del reddito dimostra veramente il suo potenziale. Nel finanziamento tradizionale, la tua capacità di acquisire proprietà aggiuntive è limitata dal rapporto debito/reddito. Man mano che assumi più prestiti, il tuo DTI aumenta fino a raggiungere un punto in cui non puoi più qualificarti per ulteriori finanziamenti. I prestiti DSCR eliminano questa limitazione valutando ogni proprietà indipendentemente. Questo significa che puoi continuare ad acquisire nuove proprietà finché ciascuna soddisfa i requisiti DSCR. Ciò crea un potente percorso di crescita del portafoglio, permettendoti di costruire una collezione di asset generatori di reddito che producono cash flow costante.

Tuttavia, insieme a questa opportunità arriva anche la responsabilità. L'assenza di verifica del reddito non significa assenza di disciplina. In realtà, richiede una disciplina ancora maggiore, poiché fai affidamento interamente sulle performance delle tue proprietà. Questo significa essere proattivi nella gestione degli annunci, ottimizzare i prezzi, mantenere elevati livelli di occupazione e controllare le spese. Significa anche essere preparati ad affrontare sfide, come fluttuazioni di mercato o riparazioni impreviste. Gli investitori che hanno successo con questa strategia sono coloro che trattano le proprie proprietà come vere aziende, migliorando continuamente le performance e adattandosi alle condizioni in evoluzione. La gestione del rischio è un altro componente essenziale. Sebbene i prestiti DSCR offrano flessibilità, ti espongono anche alla realtà delle performance di mercato. Una proprietà che oggi performa bene potrebbe affrontare maggiore concorrenza o cambiamenti della domanda in futuro. Per questo motivo, la diversificazione è importante. Investendo in mercati o tipi di proprietà differenti, puoi ridurre la tua esposizione a un singolo fattore di rischio. Inoltre, mantenere forti riserve e utilizzare ipotesi conservative di underwriting può aiutarti ad affrontare le incertezze con sicurezza.

Man mano che continui a sviluppare la tua strategia senza verifica del reddito, inizierai a capire che non si tratta soltanto di qualificarsi per prestiti—si tratta di costruire un sistema. Si tratta di creare un processo ripetibile per identificare opportunità, ottenere finanziamenti e gestire proprietà in modo efficace. Questo sistema diventa la base del tuo business immobiliare, permettendoti di crescere con coerenza e fiducia. Ogni operazione di successo rafforza il sistema, rendendo più facile acquisire la proprietà successiva, e poi quella successiva ancora.

In definitiva, la strategia DSCR senza verifica del reddito rappresenta un cambiamento nel modo in cui viene affrontato l'investimento immobiliare. Si allontana dalla dipendenza dal reddito personale e si concentra sulle performance dell'asset. Consente agli investitori di prendere il controllo del proprio futuro finanziario, costruendo ricchezza attraverso acquisizioni strategiche e una gestione efficace. Padroneggiando questo approccio, non stai soltanto ottenendo accesso al finanziamento—ti stai posizionando per creare un portafoglio immobiliare scalabile, sostenibile e altamente redditizio.

Costruire un Portafoglio Senza Reddito Personale Utilizzando il DSCR

Per comprendere come funziona nella realtà la strategia senza verifica del reddito, considera un investitore di nome Marcus che è lavoratore autonomo e dichiara un reddito imponibile minimo a causa delle deduzioni aziendali. Secondo le linee guida tradizionali, Marcus avrebbe difficoltà a qualificarsi per un mutuo nonostante disponga di un forte cash flow derivante dalle sue attività. Tuttavia, utilizzando prestiti DSCR per Airbnb, può qualificarsi in base alle performance della proprietà piuttosto che al reddito personale.

Marcus identifica la sua prima proprietà Airbnb al prezzo di 450.000 dollari. Versa un acconto del 20%, pari a 90.000 dollari, e finanzia i restanti 360.000 dollari con un tasso di interesse del 7,5% su 30 anni. Il pagamento mensile di capitale e interessi è di circa 2.517 dollari. Le tasse sulla proprietà sono di 450 dollari al mese e l'assicurazione è di 200 dollari, portando il servizio totale mensile del debito a 3.167 dollari.

$$DSCR=\frac{\text{Reddito della Proprietà}}{\text{Servizio del Debito}}$$

Sulla base dei dati sugli affitti a breve termine, si prevede che la proprietà generi una tariffa media giornaliera di 240 dollari con un tasso di occupazione del 72%. Questo produce circa 21,6 giorni prenotati al mese, generando un reddito lordo mensile di 5.184 dollari. Dopo aver considerato spese operative pari a 1.200 dollari, il reddito operativo netto è di 3.984 dollari. Dividendo questo importo per il servizio del debito di 3.167 dollari si ottiene un DSCR di 1,26, che soddisfa la maggior parte dei requisiti dei finanziatori.

Con questa approvazione, Marcus acquisisce la proprietà e inizia a generare cash flow. Incoraggiato dal suo successo, cerca una seconda proprietà. Poiché i prestiti DSCR non si basano sul suo reddito personale, il primo prestito non influisce negativamente sulla sua capacità di qualificarsi per un altro. Acquista una seconda proprietà da 500.000 dollari con condizioni simili. Questa proprietà genera un DSCR di 1,30, rafforzando ulteriormente il suo portafoglio.

Ora analizziamo l'effetto portafoglio. Marcus possiede ora due proprietà, entrambe generatrici di cash flow positivo. Complessivamente, le proprietà producono un reddito operativo netto di circa 8.000 dollari al mese, con un servizio totale del debito di circa 6.200 dollari. Questo produce un DSCR combinato di circa 1,29. Sebbene ogni proprietà venga valutata indipendentemente ai fini del finanziamento, Marcus beneficia del cash flow cumulativo, che rafforza la sua posizione finanziaria complessiva.

Consideriamo ora il ruolo delle riserve. Ogni proprietà richiede sei mesi di riserve, calcolati in base al servizio mensile del debito. Per la prima proprietà, questo importo è di circa 19.000 dollari, mentre per la seconda è di circa 21.000 dollari. Marcus mantiene queste riserve in un conto separato, assicurandosi di poter coprire i pagamenti anche durante periodi di minore occupazione. Questo non solo soddisfa i requisiti del finanziatore, ma offre anche tranquillità.

Ora esploriamo uno scenario di stress. Supponiamo che l'occupazione scenda al 60% per entrambe le proprietà a causa di cambiamenti stagionali. Il reddito lordo di ciascuna proprietà diminuisce, riducendo il reddito operativo netto. Per la prima proprietà, il NOI scende a 3.200 dollari, risultando in un DSCR di 1,01. Per la seconda proprietà, il NOI scende a

3.500 dollari, producendo un DSCR di 1,05. Sebbene entrambi rimangano sopra 1,0, il margine si riduce significativamente. Tuttavia, grazie alle riserve e alla diversificazione delle proprietà, Marcus riesce a superare questo periodo senza difficoltà finanziarie.

Infine, considera il potenziale di scalabilità. Dopo aver gestito con successo due proprietà, Marcus continua ad acquisire ulteriori investimenti Airbnb utilizzando la stessa strategia DSCR. Ogni proprietà viene valutata in base alle proprie performance, permettendogli di far crescere il portafoglio senza essere limitato dal reddito personale. Con il tempo, costruisce un portafoglio di cinque proprietà, ciascuna generatrice di cash flow positivo e contribuente alla sua indipendenza finanziaria complessiva. Questo esempio illustra il vero potere del finanziamento DSCR senza verifica del reddito. Consente agli investitori di aggirare le limitazioni tradizionali, concentrarsi sulle performance degli asset e costruire portafogli scalabili. Comprendendo i numeri, gestendo il rischio e mantenendo disciplina, puoi utilizzare questa strategia per creare un business immobiliare sostenibile e altamente redditizio, guidato dal reddito delle tue proprietà piuttosto che dai tuoi guadagni personali.

9.500 dollari, producendo un DSCR di 1,05. Sebbene entrambi rimangano sopra 1,0, il margine si riduce significativamente. Tuttavia, grazie alle riserve e alla diversificazione delle proprietà, Marcus riesce a superare questo periodo senza difficoltà finanziarie.

Infine, considera il potenziale di scalabilità. Dopo aver gestito con successo due proprietà, Marcus continua ad acquisire ulteriori investimenti Airbnb utilizzando la stessa strategia DSCR. Ogni proprietà viene valutata in base alle proprie performance, permettendogli di far crescere il portafoglio senza essere limitato dal reddito personale. Con il tempo, costruisce un portafoglio di cinque proprietà, ciascuna generatrice di cash flow positivo e contribuente alla sua indipendenza finanziaria complessiva. Questo esempio illustra il vero potere del finanziamento DSCR senza verifica del reddito. Consente agli investitori di aggirare le limitazioni tradizionali, concentrarsi sulle performance degli asset e costruire portafogli scalabili. Comprendendo i numeri, gestendo il rischio e mantenendo disciplina, puoi utilizzare questa strategia per creare un business immobiliare sostenibile e altamente redditizio, guidato dal reddito delle tue proprietà piuttosto che dai tuoi guadagni personali.

Capitolo 4

Metodi di Valutazione per Proprietà Airbnb — Affitto di Mercato vs. Dati sugli Affitti a Breve Termine

Uno dei componenti più critici e spesso fraintesi dei prestiti ipotecari DSCR per Airbnb è il processo di valutazione immobiliare. Mentre molti investitori si concentrano fortemente sulle proiezioni di reddito, sui termini del prestito e sulle strategie di acconto, la valutazione rappresenta il gatekeeper che determina in definitiva come un finanziatore percepisce il valore e il potenziale di reddito di una proprietà.

Nelle transazioni immobiliari tradizionali, le valutazioni sono relativamente semplici. Il perito confronta la proprietà oggetto della valutazione con proprietà simili vendute recentemente e, in alcuni casi, analizza il reddito da affitto a lungo termine. Tuttavia, quando si tratta di proprietà Airbnb e affitti a breve termine, questo approccio tradizionale non cattura pienamente il reale potenziale di guadagno dell'asset. È qui che entrano in gioco metodi di valutazione specializzati, colmando il divario tra la valutazione convenzionale e le moderne performance degli affitti a breve termine.

Al centro di questo capitolo vi è la distinzione tra valutazioni basate sull'affitto di mercato e valutazioni basate sul reddito da affitti a breve termine. L'affitto di mercato si riferisce al reddito mensile stimato che una proprietà genererebbe se fosse affittata con un contratto a lungo termine. Questo è l'approccio standard utilizzato nel finanziamento convenzionale ed è basato su proprietà comparabili nella stessa area. Sebbene questo metodo fornisca una stima di reddito stabile e prevedibile, spesso sottovaluta le proprietà Airbnb, specialmente nei mercati ad alta domanda dove il reddito da affitti a breve termine può superare significativamente quello degli affitti a lungo termine. Per gli investitori che si affidano ai prestiti DSCR, ciò può creare una disconnessione tra le reali performance della proprietà e il reddito utilizzato per l'underwriting.

Le valutazioni basate sui dati degli affitti a breve termine, invece, sono progettate per catturare la natura dinamica del reddito Airbnb. Queste valutazioni incorporano dati provenienti da piattaforme e strumenti analitici che monitorano tariffe notturne, livelli di occupazione e tendenze di reddito per proprietà comparabili utilizzate come affitti a breve termine. Invece di fare affidamento esclusivamente su comparabili di affitti a lungo termine, il perito valuta come proprietà simili performano come affitti a breve termine.

Questo approccio fornisce una rappresentazione più accurata del potenziale di reddito della proprietà, elemento essenziale per i calcoli DSCR. Tuttavia, non tutti i finanziatori o i periti utilizzano questo metodo, e comprendere quando e come viene applicato è fondamentale per gli investitori.

La scelta tra questi due metodi di valutazione può avere un impatto significativo sulla tua capacità di qualificarti per un prestito DSCR. Se un finanziatore utilizza l'affitto di mercato e il reddito risultante è troppo basso, la proprietà potrebbe non soddisfare i requisiti DSCR anche se performa eccezionalmente bene come Airbnb. Al contrario, se vengono utilizzati dati sugli affitti a breve termine, il reddito proiettato più elevato può migliorare il rapporto DSCR e aumentare la probabilità di approvazione. Per questo motivo, gli investitori esperti prestano grande attenzione alle linee guida dei finanziatori e selezionano partner finanziari che comprendano e supportino gli investimenti negli affitti a breve termine.

Un altro fattore importante è il tipo di report di valutazione utilizzato. Alcuni finanziatori DSCR richiedono una valutazione standard con analisi di affitto a lungo termine, mentre altri offrono report specializzati che includono proiezioni di reddito da affitti a breve termine. Questi report possono includere dettagliate analisi delle tariffe medie giornaliere, tendenze di occupazione, variazioni stagionali e stime di reddito basate su proprietà comparabili. In alcuni casi, il perito può utilizzare una combinazione di entrambi i metodi, fornendo una gamma di scenari di reddito utilizzabili per l'underwriting. Comprendere queste opzioni ti consente di posizionare la tua operazione nel modo più favorevole possibile.

La posizione geografica svolge un ruolo fondamentale nei risultati della valutazione. Le proprietà situate in mercati consolidati per affitti a breve termine, con forte domanda, turismo e regolamentazioni favorevoli, hanno maggiori probabilità di ricevere proiezioni di reddito più elevate. I periti in questi mercati hanno accesso a più dati e proprietà comparabili, rendendo più semplice giustificare valutazioni più alte. Al contrario, proprietà situate in mercati emergenti o soggetti a restrizioni possono affrontare difficoltà, poiché dati limitati e incertezza normativa possono portare a stime più conservative. Come investitore, selezionare il mercato giusto è importante quanto scegliere la proprietà giusta.

Anche le caratteristiche della proprietà influenzano i risultati della valutazione. Elementi come il numero di camere da letto, servizi unici, qualità del design e vicinanza alle attrazioni possono influenzare le performance degli affitti a breve termine. I periti considerano questi fattori quando selezionano proprietà comparabili e stimano il reddito. Ad esempio, una proprietà ben progettata con piscina, arredamento moderno e forte branding può ottenere tariffe notturne e livelli di occupazione superiori rispetto a una proprietà più semplice nella stessa area. Investendo in miglioramenti e ottimizzando la tua proprietà per l'esperienza degli ospiti, puoi aumentare sia il potenziale di reddito sia il risultato della valutazione.

Un altro concetto chiave è la differenza tra reddito proiettato e reddito stabilizzato. Il reddito proiettato si basa su dati di mercato e ipotesi, mentre il reddito stabilizzato riflette le performance attese di una proprietà dopo che è stata completamente ottimizzata e gestita in modo costante. Alcuni finanziatori possono utilizzare proiezioni conservative, mentre altri possono considerare il reddito stabilizzato se esistono prove sufficienti a supportarlo. Questa distinzione è importante perché influisce sul modo in cui viene calcolato il tuo DSCR e sul fatto che la tua operazione soddisfi o meno i requisiti del finanziatore.

È inoltre essenziale comprendere come i periti gestiscono la stagionalità. In molti mercati Airbnb, il reddito fluttua durante l'anno, con le stagioni di punta che generano ricavi significativamente più elevati rispetto ai periodi di bassa stagione. I periti generalmente calcolano una media del reddito su un periodo di 12 mesi per tenere conto di queste variazioni, ma il modo in cui questo viene fatto può variare. Alcuni possono utilizzare dati annualizzati provenienti da proprietà comparabili, mentre altri possono applicare aggiustamenti basati sulle tendenze locali. Come investitore, dovresti analizzare dettagliatamente i modelli stagionali e assicurarti che la tua proprietà possa mantenere un reddito sufficiente durante i periodi più lenti.

La comunicazione con il tuo finanziatore e il team di valutazione può fare una differenza significativa nel risultato. Fornire dati aggiuntivi, come annunci Airbnb comparabili, report di reddito e analisi di mercato, può aiutare a supportare proiezioni di reddito più elevate. Sebbene i periti debbano rimanere indipendenti, presentare informazioni ben organizzate e rilevanti può guidare la loro analisi e garantire che la tua proprietà venga valutata accuratamente. Questo approccio proattivo viene spesso trascurato, ma può essere uno strumento potente per ottenere l'approvazione del prestito.

Un'altra strategia avanzata consiste nel selezionare proprietà che performino bene con entrambi i metodi di valutazione. Sebbene i dati sugli affitti a breve termine possano fornire stime di reddito più elevate, è vantaggioso scegliere proprietà che abbiano anche un forte potenziale di affitto a lungo termine. Questo crea una rete di sicurezza, garantendo che la proprietà rimanga sostenibile anche se le condizioni di mercato cambiano o le normative si modificano. Offre inoltre flessibilità, consentendoti di passare tra strategie di affitto a breve e lungo termine se necessario.

La gestione del rischio è un tema ricorrente negli investimenti DSCR, e le valutazioni non fanno eccezione. Sovrastimare il reddito può portare a difficoltà di approvazione o tensioni finanziarie dopo la chiusura dell'operazione. Underwriting conservativo, proiezioni realistiche e approfondita analisi di mercato sono essenziali per il successo a lungo termine. Comprendendo come funzionano le valutazioni e come i diversi metodi influenzano il tuo DSCR, puoi prendere decisioni informate che bilanciano opportunità e rischio.

Man mano che proseguirai nel tuo percorso di investimento Airbnb, padroneggiare i metodi di valutazione diventerà una competenza fondamentale. Non è sufficiente trovare una proprietà con forte potenziale di reddito—devi anche assicurarti che questo potenziale venga riconosciuto e validato attraverso il processo di valutazione. Ciò richiede una combinazione di conoscenza del mercato, pianificazione strategica e comunicazione efficace. Quando eseguito correttamente, questo ti consente di sbloccare il pieno valore della tua proprietà e massimizzare le tue opportunità di finanziamento.

Questo capitolo fornisce le basi per comprendere come le valutazioni influenzano i prestiti DSCR per Airbnb. Imparando le differenze tra affitto di mercato e dati sugli affitti a breve termine, e comprendendo come i periti valutano le proprietà, sarai meglio preparato a gestire il processo di finanziamento con fiducia. Nelle prossime sezioni continueremo a sviluppare questa conoscenza, esplorando come strutturare le operazioni e ottimizzare le performance per il successo a lungo termine.

Impatto dell'Affitto di Mercato vs. Valutazione Airbnb sul DSCR

Per vedere come i metodi di valutazione influenzino direttamente la tua capacità di qualificarti per un prestito DSCR, analizziamo un esempio dettagliato reale. Immagina un'investitrice di nome Elena che sta acquistando una proprietà da 550.000 dollari in un popolare mercato turistico. Prevede di versare un acconto del 20%, risultando in un importo di prestito di 440.000 dollari. Il tasso di interesse è del 7,25% su un prestito di 30 anni, con un pagamento mensile di capitale e interessi di circa 3.000 dollari. Le tasse sulla proprietà sono di 550 dollari al mese, l'assicurazione è di 220 dollari e non ci sono quote HOA, portando il servizio totale mensile del debito a 3.770 dollari.

DSCR=\frac{\text{Reddito}}{\text{Servizio del Debito}}

Ora confrontiamo due scenari di valutazione. Nel primo scenario, il finanziatore utilizza una valutazione tradizionale basata sull'affitto di mercato. Sulla base di proprietà comparabili in affitto a lungo termine, il perito determina che la proprietà potrebbe essere affittata per 2.800 dollari al mese. Utilizzando questa cifra, il DSCR viene calcolato dividendo 2.800 dollari per 3.770 dollari, risultando in un DSCR di 0,74. Questo valore è ben al di sotto della soglia richiesta, e il prestito verrebbe probabilmente negato con questo metodo.

Nel secondo scenario, il finanziatore utilizza dati sugli affitti a breve termine. Proprietà Airbnb comparabili nella zona mostrano una tariffa media giornaliera di 275 dollari e un tasso di occupazione del 70%, risultando in circa 21 giorni prenotati al mese. Questo produce un reddito lordo mensile di 5.775 dollari. Dopo aver considerato spese operative di 1.300 dollari, il reddito operativo netto è di 4.475 dollari. Dividendo questo importo per lo stesso servizio del debito di 3.770 dollari si ottiene un DSCR di 1,19. Questo soddisfa la maggior parte dei requisiti dei finanziatori e probabilmente porterebbe all'approvazione del prestito.

Ora analizziamo come piccoli miglioramenti possano rafforzare ulteriormente l'operazione. Se Elena migliora la proprietà con un design migliore e servizi aggiuntivi, aumentando la tariffa media giornaliera a 300 dollari, il suo reddito lordo mensile sale a 6.300 dollari. Dopo le spese, il reddito operativo netto aumenta a 5.000 dollari. Questo produce un DSCR di 1,33, offrendo un forte margine di sicurezza e potenzialmente condizioni di prestito migliori.

Consideriamo ora un aggiustamento conservativo da parte del finanziatore. Se il finanziatore applica una riduzione del 10% al reddito previsto, il reddito lordo utilizzato per l'underwriting diventa 5.670 dollari. Dopo le spese, il reddito operativo netto è di 4.370 dollari. Dividendo questo importo per il servizio del debito si ottiene un DSCR di 1,16, che è ancora accettabile ma più vicino alla soglia minima.

Ora esaminiamo una flessione stagionale. Se l'occupazione scende al 60%, la proprietà viene prenotata per 18 giorni al mese alla tariffa originale di 275 dollari per notte, producendo un reddito lordo di 4.950 dollari. Dopo le spese, il reddito operativo netto è di 3.650 dollari. Dividendo questo importo per il servizio del debito si ottiene un DSCR di 0,97, che scende sotto la soglia minima. Questo evidenzia l'importanza delle riserve e dell'underwriting conservativo.

Infine, considera una strategia ibrida. Se Elena seleziona una proprietà che performa bene anche come affitto a lungo termine, generando 3.500 dollari al mese invece di 2.800 dollari, il DSCR basato sull'affitto di mercato migliora a 0,93. Sebbene sia ancora inferiore a 1,0, è più vicino alla soglia e offre maggiore flessibilità. Combinato con forti performance negli affitti a breve termine, questo crea un investimento più resiliente.

Questo esempio dimostra come i metodi di valutazione possano influenzare drasticamente il tuo DSCR e la tua idoneità al prestito. Comprendendo queste differenze e selezionando strategicamente proprietà, finanziatori e mercati, puoi posizionarti per ottenere l'approvazione massimizzando al contempo il potenziale di reddito.

Capitolo 5

Credito, Riserve e Posizionamento del Rischio — Come Rafforzare l'Approvazione del Tuo Prestito DSCR per Airbnb

Sebbene i prestiti ipotecari DSCR per Airbnb spostino l'attenzione lontano dal reddito personale, non eliminano la necessità di un forte posizionamento del mutuatario. In effetti, quando il reddito viene rimosso dall'equazione, altri fattori diventano ancora più importanti. Credito, riserve e profilo di rischio complessivo passano in primo piano nel processo di underwriting. Questi elementi sono ciò che dà ai finanziatori la fiducia che tu possa gestire con successo il prestito, anche di fronte a fluttuazioni del mercato o interruzioni temporanee del reddito. Comprendere come posizionarti in queste aree è fondamentale non solo per ottenere l'approvazione, ma anche per assicurarti migliori condizioni di prestito, tassi di interesse più bassi e maggiore leva finanziaria.

Il credito è uno degli strumenti più potenti che hai come investitore. Rappresenta un riflesso diretto della tua disciplina finanziaria e affidabilità. Anche se i prestiti DSCR non richiedono verifica del reddito, i finanziatori continuano a fare grande affidamento sul tuo punteggio di credito per valutare il rischio. Un punteggio di credito più elevato segnala che hai una storia di gestione responsabile del debito, pagamenti puntuali e bassi livelli di stress finanziario. Questo può tradursi in condizioni di prestito più favorevoli, inclusi tassi di interesse inferiori, requisiti di acconto ridotti e importi di prestito più elevati. Al contrario, un punteggio di credito più basso può comportare requisiti più rigidi, tassi più alti o persino il rifiuto del prestito in alcuni casi.

È importante comprendere che il credito non riguarda soltanto il punteggio in sé, ma anche il profilo complessivo. I finanziatori analizzano fattori come cronologia dei pagamenti, utilizzo del credito, durata della storia creditizia e combinazione di conti di credito. Come investitore, dovresti gestire attivamente questi componenti per presentare il profilo più forte possibile. Questo include pagare tutti i conti puntualmente, mantenere bassi i saldi delle carte di credito rispetto ai limiti disponibili, evitare richieste di credito inutili e mantenere un mix sano di credito revolving e rateale. Nel tempo, queste pratiche possono migliorare significativamente il tuo profilo creditizio e aumentare il tuo potere di finanziamento.

Le riserve sono un altro componente critico del finanziamento DSCR, in particolare per le proprietà Airbnb. Poiché il reddito da affitti a breve termine può fluttuare, i finanziatori vogliono assicurarsi che tu disponga di fondi sufficienti per coprire i pagamenti del mutuo durante periodi di minore occupazione o spese impreviste. Le riserve sono generalmente misurate in mesi di pagamenti ipotecari, inclusi capitale, interessi, tasse e assicurazione. A seconda del finanziatore e del profilo di rischio dell'operazione, i requisiti di riserva possono variare da tre a dodici mesi o più. Ad esempio, se il tuo pagamento mensile è di 3.500 dollari e il finanziatore richiede sei mesi di riserve, dovresti dimostrare almeno 21.000 dollari in asset liquidi o quasi liquidi.

Oltre a soddisfare i requisiti minimi, mantenere forti riserve rappresenta un vantaggio strategico. Ti consente di operare con fiducia, sapendo di poter affrontare cali temporanei senza stress finanziario. Ti posiziona inoltre come mutuatario a basso rischio, il che può portare a condizioni di prestito migliori. In molti casi, i finanziatori possono essere più flessibili sulle soglie DSCR o sui requisiti di credito se dimostri una forte liquidità. Questo crea un'opportunità per rafforzare il tuo profilo complessivo costruendo e mantenendo riserve nel tempo.

Il posizionamento del rischio è la combinazione di tutti i fattori che influenzano il modo in cui un finanziatore percepisce la tua operazione. Questo include il tuo credito, le riserve, le performance della proprietà, le condizioni di mercato e la strategia di investimento complessiva. L'obiettivo è presentare uno scenario a basso rischio e ad alta fiducia che renda facile per il finanziatore dire sì. Ciò richiede un approccio proattivo, in cui anticipi le potenziali preoccupazioni e le affronti prima che diventino ostacoli. Ad esempio, se il tuo DSCR è leggermente inferiore alla soglia ideale, potresti compensare aumentando l'acconto, migliorando le tue riserve o selezionando un mercato più forte.

Uno dei modi più efficaci per migliorare il tuo profilo di rischio è attraverso la strutturazione dell'operazione. Regolando variabili chiave come acconto, importo del prestito e selezione della proprietà, puoi influenzare la solidità complessiva dell'operazione. Un acconto più elevato riduce il rapporto loan-to-value, abbassando il rischio per il finanziatore e migliorando il tuo DSCR. Allo stesso modo, scegliere una proprietà con maggiore potenziale di reddito o spese inferiori può migliorare il cash flow e rendere l'operazione più attraente. Questi aggiustamenti possono richiedere più capitale iniziale o maggiore impegno, ma possono aumentare significativamente le tue probabilità di approvazione e successo a lungo termine.

Un altro aspetto importante del posizionamento del rischio è la selezione del mercato. Le proprietà situate in mercati forti e ad alta domanda, con turismo costante e regolamentazioni favorevoli, sono generalmente considerate a rischio inferiore. Questi mercati tendono ad avere tassi di occupazione più stabili e maggiore potenziale di reddito, supportando rapporti DSCR più forti. D'altra parte, proprietà in mercati incerti o soggetti a restrizioni possono essere sottoposte a maggiore scrutinio, poiché cambiamenti normativi o domanda limitata possono influenzarne le performance. Come investitore, dovresti dare priorità ai mercati che si allineano con le preferenze dei finanziatori e dimostrano attività costante nel settore degli affitti a breve termine. Anche la diversificazione è una strategia chiave per la gestione del rischio. Invece di concentrare tutti i tuoi investimenti in un singolo mercato o tipo di proprietà, puoi distribuire il tuo portafoglio tra diverse località e classi di asset. Questo riduce la tua esposizione a un singolo fattore di rischio e crea un flusso di reddito più equilibrato. Ad esempio, potresti investire sia in mercati urbani che turistici, oppure in proprietà con diverse fasce di prezzo e target di clientela. Questo approccio non solo migliora la tua stabilità finanziaria, ma ti rende anche un mutuatario più attraente dal punto di vista del finanziatore.

Un altro fattore che i finanziatori considerano è la tua esperienza come investitore. Sebbene i prestiti DSCR siano accessibili anche ai principianti, avere una storia di gestione immobiliare di successo può rafforzare la tua domanda. L'esperienza dimostra che comprendi come gestire un affitto a breve termine, amministrare gli ospiti e mantenere le performance della proprietà. Se sei nuovo negli investimenti Airbnb, puoi comunque posizionarti efficacemente lavorando con property manager esperti, costruendo un forte team di supporto e presentando un business plan ben strutturato.

Anche l'assicurazione e la protezione della proprietà svolgono un ruolo nel posizionamento del rischio. I finanziatori vogliono assicurarsi che la proprietà sia adeguatamente protetta contro potenziali rischi come danni, responsabilità civile e perdita di reddito. Questo include disporre della copertura assicurativa appropriata e, in alcuni casi, protezioni aggiuntive specifiche per gli affitti a breve termine. Affrontando questi fattori in modo proattivo, puoi ridurre ulteriormente il rischio percepito e rafforzare il tuo profilo complessivo.

È inoltre importante considerare il ruolo della gestione del debito. Sebbene i prestiti DSCR ti consentano di crescere senza i tradizionali limiti legati al reddito, assumere troppo debito troppo rapidamente può creare tensioni finanziarie. La leva responsabile è fondamentale. Questo significa bilanciare crescita e stabilità, assicurandoti che ogni proprietà contribuisca positivamente al tuo portafoglio complessivo. Mantenendo un approccio disciplinato al debito, puoi costruire una strategia di investimento sostenibile che supporti il successo a lungo termine.

Man mano che continui a sviluppare la tua strategia di investimento DSCR per Airbnb, inizierai a vedere come credito, riserve e posizionamento del rischio lavorino insieme per creare una solida base. Questi elementi non sono separati—sono interconnessi. Un forte profilo di credito migliora la tua capacità di ottenere condizioni favorevoli. Riserve adeguate forniscono stabilità e fiducia. Un efficace posizionamento del rischio garantisce che le tue operazioni siano strutturate per il successo. Insieme, formano la spina dorsale della tua strategia di finanziamento, consentendoti di acquisire proprietà, gestirle efficacemente e ampliare il tuo portafoglio nel tempo.

Questo capitolo sottolinea che, sebbene i prestiti DSCR offrano flessibilità, richiedono comunque disciplina e pianificazione strategica. Concentrandoti su credito, riserve e posizionamento del rischio, puoi massimizzare le tue probabilità di approvazione e creare una solida base per il tuo percorso di investimento Airbnb. Man mano che procederai, questi principi guideranno le tue decisioni, aiutandoti a navigare le complessità del finanziamento immobiliare con fiducia e chiarezza.

Come Credito, Riserve e Struttura dell'Operazione Migliorano l'Approvazione

Per comprendere come credito, riserve e posizionamento del rischio influenzino l'approvazione di un prestito DSCR, analizziamo un esempio dettagliato. Immagina un investitore di nome Jason che sta acquistando una proprietà Airbnb da 520.000 dollari. Prevede di versare un acconto del 20%, risultando in un importo di prestito di 416.000 dollari. Il tasso di interesse è del 7,5% e il pagamento mensile di capitale e interessi è di circa 2.910 dollari. Le tasse sulla proprietà sono di 520 dollari al mese e l'assicurazione è di 220 dollari, portando il servizio totale mensile del debito a 3.650 dollari.

DSCR=\frac{\text{Reddito Operativo Netto}}{\text{Servizio del Debito}}

Sulla base dei dati sugli affitti a breve termine, si prevede che la proprietà generi un reddito lordo mensile di 5.800 dollari. Le spese operative sono stimate in 1.300 dollari, risultando in un reddito operativo netto di 4.500 dollari. Dividendo questo importo per il servizio del debito di 3.650 dollari si ottiene un DSCR di 1,23, che soddisfa la maggior parte dei requisiti dei finanziatori. Ora analizziamo come il credito influenzi questo scenario. Jason ha un punteggio di credito di 760, che gli consente di ottenere condizioni di prestito migliori. Grazie al suo forte profilo creditizio, il finanziatore gli offre un tasso di interesse leggermente inferiore del 7,25%, riducendo il pagamento mensile a 2.800 dollari. Questo abbassa il servizio totale del debito a 3.540 dollari. Con lo stesso reddito operativo netto di 4.500 dollari, il suo DSCR aumenta a 1,27. Questo miglioramento non solo rafforza le sue probabilità di approvazione, ma aumenta anche il suo cash flow mensile.

Consideriamo ora l'impatto delle riserve. Il finanziatore richiede sei mesi di riserve, che per Jason equivalgono a 21.900 dollari. Tuttavia, Jason dispone di 50.000 dollari in asset liquidi. Questa forte posizione di riserva riduce il rischio percepito dal finanziatore e può consentire maggiore flessibilità nell'underwriting. Ad esempio, se il suo DSCR fosse leggermente più basso, il finanziatore potrebbe comunque approvare il prestito grazie alla sua forte liquidità.

Ora esploriamo la strutturazione dell'operazione. Se Jason aumenta il suo acconto dal 20% al 25%, l'importo del prestito scende a 390.000 dollari. Questo riduce il pagamento mensile di capitale e interessi a circa 2.730 dollari, abbassando il servizio totale del debito a 3.500 dollari. Con lo stesso reddito operativo netto, il suo DSCR aumenta a 1,29. Questo dimostra come un acconto più elevato possa migliorare sia il DSCR che la solidità complessiva dell'operazione.

Consideriamo ora uno scenario di rischio in cui il reddito diminuisce. Se l'occupazione cala e il reddito operativo netto scende a 4.000 dollari, il DSCR di Jason con la struttura originale sarebbe di 1,10. Sebbene ancora superiore a 1,0, è più vicino alla soglia minima. Tuttavia, con la struttura migliorata — tasso di interesse più basso e acconto maggiore — il suo DSCR sarebbe di circa 1,14, offrendo un margine di sicurezza maggiore.

Infine, osserviamo l'effetto combinato. Ottimizzando il suo credito, mantenendo forti riserve e strutturando strategicamente l'operazione, Jason trasforma una buona operazione in un'operazione solida. Il suo DSCR migliorato, il pagamento mensile più basso e il profilo di rischio rafforzato non solo aumentano le sue probabilità di approvazione, ma lo posizionano anche per il successo a lungo termine.

Questo esempio evidenzia l'importanza di guardare oltre il semplice calcolo DSCR. Credito, riserve e struttura dell'operazione sono leve potenti che possono influenzare significativamente il tuo risultato. Comprendendo e ottimizzando questi fattori, puoi rafforzare le tue richieste, ottenere condizioni migliori e costruire un portafoglio di investimenti Airbnb resiliente.

Capitolo 6

Espandere il Tuo Portafoglio Airbnb Utilizzando Prestiti DSCR — Da una Proprietà alla Libertà Finanziaria

La crescita del portafoglio è il punto in cui i prestiti ipotecari DSCR per Airbnb si distinguono veramente dal finanziamento tradizionale. Molti investitori riescono ad acquistare la loro prima proprietà, ma pochissimi comprendono come crescere sistematicamente da una sola proprietà a un portafoglio che generi reddito costante e scalabile. Il limite è quasi sempre il finanziamento. I prestiti tradizionali si basano fortemente sul reddito personale e sui rapporti debito/reddito, che diventano rapidamente restrittivi man mano che si acquisiscono più proprietà. I prestiti DSCR eliminano questo collo di bottiglia valutando ogni proprietà indipendentemente, consentendoti di crescere in base alle performance piuttosto che ai limiti finanziari personali.

Il primo passo per espandere il portafoglio è comprendere che la tua proprietà iniziale non è semplicemente un investimento—è una base. L'obiettivo non è soltanto possedere una proprietà Airbnb, ma creare un sistema che possa essere ripetuto. Questo significa selezionare una proprietà che non solo soddisfi i requisiti DSCR, ma che produca anche un cash flow forte e affidabile. Il reddito generato da questa proprietà può quindi essere reinvestito in operazioni future, creando un effetto composto che accelera la tua crescita. Questa è l'essenza della scalabilità: utilizzare un investimento di successo per sbloccare il successivo.

Un concetto chiave nella crescita tramite prestiti DSCR è l'idea di "indipendenza dell'operazione". Ogni proprietà si sostiene autonomamente, il che significa che il suo reddito e le sue spese determinano la sua idoneità al finanziamento. Questo è fondamentalmente diverso dal finanziamento tradizionale, dove il reddito personale è il fattore principale. Con i prestiti DSCR, la seconda, terza e quarta proprietà non dipendono dal debito della prima proprietà. Invece, ogni proprietà viene valutata in base al proprio rapporto DSCR. Questo ti consente di continuare ad acquisire proprietà finché ciascuna soddisfa i criteri richiesti.

La gestione del cash flow diventa sempre più importante man mano che il portafoglio cresce. Sebbene possa essere allettante concentrarsi esclusivamente sull'acquisizione di nuove proprietà, mantenere alte performance nel portafoglio esistente è essenziale. Ogni proprietà deve generare abbastanza reddito da coprire le proprie spese e contribuire alla tua stabilità finanziaria complessiva. Questo richiede attenzione continua a prezzi, occupazione, esperienza degli ospiti ed efficienza operativa. Man mano che il portafoglio cresce, piccoli miglioramenti nelle performance possono avere un impatto significativo sul reddito totale.

Un altro fattore critico nella crescita del portafoglio è l'allocazione del capitale. Ogni operazione richiede un investimento, tipicamente sotto forma di acconto, costi di chiusura e riserve. Per crescere efficacemente, devi gestire il tuo capitale strategicamente, assicurandoti di avere sufficiente liquidità per cogliere nuove opportunità mantenendo al contempo adeguate riserve per le proprietà esistenti. Questo spesso implica reinvestire i profitti, sfruttare l'equity e ottimizzare la struttura del finanziamento per massimizzare l'efficienza. L'obiettivo è distribuire il capitale in modo da generare il massimo rendimento possibile mantenendo stabilità finanziaria.

Il rifinanziamento e l'estrazione di equity sono strumenti potenti per la crescita. Man mano che le tue proprietà aumentano di valore e generano reddito, puoi accedere a questa equity attraverso cash-out refinance o altre strategie di finanziamento. Questo ti consente di riciclare il capitale, utilizzandolo per finanziare ulteriori acquisizioni senza fare affidamento esclusivamente su nuovi risparmi. Nel contesto degli investimenti Airbnb, questa strategia può essere particolarmente efficace, poiché le proprietà ad alte performance spesso sperimentano sia crescita del reddito sia apprezzamento del valore. Sfruttando questa equity, puoi accelerare la crescita del tuo portafoglio ed espandere la tua portata di investimento.

Un'altra considerazione importante è la scalabilità operativa. Gestire una sola proprietà Airbnb è relativamente semplice, ma gestire più proprietà richiede sistemi e processi. Questo include tutto, dalla gestione delle prenotazioni e comunicazione con gli ospiti fino al coordinamento delle pulizie e della manutenzione. Man mano che il portafoglio cresce, potrebbe essere necessario investire in servizi di property management, strumenti di automazione o un team dedicato per mantenere l'efficienza. Sebbene ciò introduca costi aggiuntivi, ti consente anche di concentrarti su strategie di livello superiore e sulla crescita.

La selezione del mercato gioca un ruolo cruciale nella crescita. Investire in più proprietà all'interno dello stesso mercato può offrire efficienze nella gestione e nelle operazioni, ma aumenta anche l'esposizione a rischi specifici del mercato. In alternativa, diversificare tra diversi mercati può ridurre il rischio ma richiedere una gestione più complessa. La strategia ottimale spesso implica un equilibrio tra concentrazione e diversificazione, consentendoti di sfruttare l'esperienza locale mantenendo un portafoglio resiliente.

La strategia di finanziamento è un altro componente chiave della crescita. Sebbene i prestiti DSCR offrano flessibilità, ogni finanziatore ha le proprie linee guida, requisiti e limiti. Alcuni finanziatori possono limitare il numero di prestiti per mutuatario, mentre altri possono avere criteri specifici per tipi di proprietà o località. Man mano che cresci, diventa importante costruire relazioni con più finanziatori, assicurandoti accesso a una varietà di opzioni di finanziamento. Questo non solo aumenta la tua flessibilità, ma ti consente anche di negoziare condizioni migliori e strutturare le operazioni in modo più efficace.

La gestione del rischio diventa sempre più importante man mano che il portafoglio cresce. Sebbene i prestiti DSCR consentano una rapida espansione, assumersi troppi rischi può portare a instabilità finanziaria. Questo include eccessiva leva finanziaria, sottostima delle spese o investimenti in mercati volatili. Per mitigare questi rischi, dovresti mantenere ipotesi conservative di underwriting, costruire forti riserve e monitorare continuamente le performance del tuo portafoglio. Bilanciando crescita e stabilità, puoi creare una strategia di investimento sostenibile in grado di resistere alle fluttuazioni del mercato.

Un altro potente concetto nella crescita del portafoglio è l'"effetto portafoglio". Man mano che acquisisci più proprietà, i tuoi flussi di reddito diventano più diversificati, riducendo l'impatto delle performance di una singola proprietà. Ad esempio, se una proprietà sperimenta un calo dell'occupazione, il reddito proveniente dalle altre proprietà può aiutare a compensare la differenza. Questo crea un flusso di reddito più stabile e prevedibile, essenziale per il successo a lungo termine. Inoltre, i finanziatori possono vedere un portafoglio ben performante in modo più favorevole, offrendo opportunità per condizioni di finanziamento migliori e maggiore leva.

Il cambiamento di mentalità richiesto per la crescita è significativo. Devi passare dal pensare come un investitore di una sola proprietà al pensare come un gestore di portafoglio. Questo significa concentrarsi su sistemi, processi e strategie a lungo termine piuttosto che su singole transazioni. Significa anche essere proattivi, cercare continuamente nuove opportunità e adattarsi alle condizioni di mercato in evoluzione. Gli investitori di maggior successo sono quelli che vedono la crescita come un processo deliberato e strategico, piuttosto che come una serie di operazioni isolate.

La tecnologia può inoltre svolgere un ruolo significativo nella crescita del portafoglio. Dagli strumenti di pricing dinamico ai software di property management, esistono numerosi strumenti disponibili per aiutarti a ottimizzare le performance e semplificare le operazioni. Questi strumenti possono fornire preziose informazioni sulle tendenze di mercato, strategie di prezzo e comportamento degli ospiti, consentendoti di prendere decisioni basate sui dati. Sfruttando la tecnologia, puoi migliorare l'efficienza, aumentare le performance e supportare la crescita del tuo portafoglio.

In definitiva, espandere il tuo portafoglio Airbnb utilizzando prestiti DSCR significa creare un sistema che funzioni. Significa comprendere l'interazione tra finanziamento, operazioni e dinamiche di mercato, e utilizzare questa conoscenza per costruire un portafoglio che generi reddito costante e ricchezza a lungo termine. Concentrandoti sulle performance, gestendo il rischio e sfruttando la flessibilità dei prestiti DSCR, puoi superare i limiti del finanziamento tradizionale e creare un business immobiliare scalabile e sostenibile.

Questo capitolo fornisce il modello per quel processo. Ti mostra come passare da una proprietà a molte, come gestire le complessità della crescita e come posizionarti per il successo a lungo termine. Man mano che continuerai il tuo percorso, questi principi fungeranno da fondamento per costruire un portafoglio che non solo cresca, ma prosperi.

Espandere il Portafoglio da Una a Cinque Proprietà Utilizzando il DSCR

Per illustrare come funziona la crescita del portafoglio nella pratica, seguiamo un investitore di nome Alex che inizia con una singola proprietà Airbnb e costruisce gradualmente un portafoglio utilizzando prestiti DSCR. Alex acquista la sua prima proprietà per 400.000 dollari con un acconto del 20%, investendo 80.000 dollari. L'importo del prestito è di 320.000 dollari con un tasso di interesse del 7,5%, risultando in un pagamento mensile di capitale e interessi di 2.237 dollari. Inclusi tasse e assicurazione, il servizio totale mensile del debito è di 2.800 dollari.

DSCR=\frac{\text{Reddito Operativo Netto}}{\text{Servizio del Debito}}

La proprietà genera un reddito lordo mensile di 5.000 dollari, con spese operative di 1.200 dollari, risultando in un reddito operativo netto di 3.800 dollari. Dividendo questo importo per il servizio del debito di 2.800 dollari si ottiene un DSCR di 1,36. Questo forte rapporto consente ad Alex di ottenere il prestito e iniziare a generare cash flow.

Dopo un anno, Alex ha accumulato 20.000 dollari di risparmi aggiuntivi derivanti dal cash flow della proprietà. Utilizza questi fondi, insieme a capitale aggiuntivo, per acquistare una seconda proprietà da 450.000 dollari. Questa proprietà genera un DSCR di 1,30, aggiungendo un altro flusso di reddito al suo portafoglio. Ora Alex possiede due proprietà con un reddito operativo netto combinato di circa 7.800 dollari e un servizio totale del debito di 5.900 dollari, risultando in un DSCR combinato di 1,32.

Man mano che Alex continua a crescere, acquista una terza proprietà da 500.000 dollari, seguita da una quarta e quinta proprietà nei due anni successivi. Ogni proprietà viene valutata indipendentemente utilizzando il DSCR, consentendogli di qualificarsi senza fare affidamento sul reddito personale. Quando arriva a possedere cinque proprietà, il suo portafoglio genera un reddito operativo netto totale di 20.000 dollari al mese, con un servizio totale del debito di 15.000 dollari. Questo produce un DSCR combinato di circa 1,33.

Ora analizziamo l'effetto portafoglio. Se una proprietà sperimenta un temporaneo calo del reddito, riducendo il suo DSCR a 1,0, il DSCR complessivo del portafoglio rimane superiore a 1,25 grazie alle performance delle altre proprietà. Questo dimostra la stabilità creata dalla diversificazione.

Consideriamo ora l'impatto del rifinanziamento. Dopo diversi anni, le proprietà di Alex si sono apprezzate di valore, ed egli effettua un cash-out refinance su una proprietà, estraendo 50.000 dollari di equity. Utilizza questo capitale per finanziare l'acconto di una sesta proprietà, accelerando ulteriormente la sua crescita. Infine, analizziamo uno scenario di stress. Se le condizioni di mercato riducono il reddito complessivo del portafoglio del 15%, il reddito operativo netto scende a 17.000 dollari al mese. Con lo stesso servizio del debito di 15.000 dollari, il DSCR del portafoglio diventa 1,13. Sebbene inferiore, rimane sopra 1,0, consentendo ad Alex di continuare a operare senza difficoltà finanziarie.

Questo esempio dimostra come i prestiti DSCR consentano la crescita del portafoglio concentrandosi sulle performance delle proprietà. Reinvestendo il cash flow, sfruttando l'equity e mantenendo forti rapporti DSCR, gli investitori possono costruire grandi portafogli generatori di reddito. La chiave è affrontare la crescita strategicamente, bilanciando espansione e gestione del rischio e assicurandosi che ogni proprietà contribuisca positivamente al portafoglio complessivo.

Capitolo 7

Ottimizzare le Performance di Airbnb per Massimizzare il DSCR – Prezzi, Occupazione e Redditività

Man mano che approfondisci il mondo degli investimenti Airbnb con prestiti DSCR, un principio diventa sempre più chiaro: la tua capacità di qualificarti per il finanziamento e ampliare il tuo portafoglio è direttamente collegata a quanto bene performa la tua proprietà. A differenza del settore immobiliare tradizionale, dove il finanziamento è spesso scollegato dalle operazioni, i prestiti DSCR creano un collegamento diretto tra performance e opportunità. Migliori sono le performance del tuo Airbnb, più forte sarà il tuo DSCR. Più forte è il tuo DSCR, più opzioni di finanziamento diventano disponibili. Questo crea un potente ciclo di feedback in cui l'eccellenza operativa alimenta la crescita finanziaria.

Al centro di questo processo vi sono tre fattori chiave: prezzi, occupazione e controllo delle spese. Questi elementi determinano il tuo reddito, il tuo reddito operativo netto e, in definitiva, il tuo DSCR. Mentre molti investitori si concentrano principalmente sull'acquisizione di proprietà, gli investitori di maggior successo comprendono che l'ottimizzazione è il punto in cui viene creato il vero valore. Una proprietà ben ottimizzata può superare significativamente le medie di mercato, trasformando un'operazione ordinaria in un asset ad alte performance che apre le porte a ulteriori opportunità di finanziamento e crescita.

La strategia di prezzo è una delle leve più influenti che puoi controllare. A differenza degli affitti a lungo termine, dove il canone è generalmente fisso, Airbnb consente un pricing dinamico basato su domanda, stagionalità, concorrenza ed eventi locali. Questa flessibilità crea un'opportunità per massimizzare il reddito, ma richiede anche un approccio strategico. Impostare prezzi troppo elevati può ridurre l'occupazione, mentre fissarli troppo bassi può significare lasciare denaro sul tavolo. L'obiettivo è trovare il giusto equilibrio in cui massimizzi il reddito totale piuttosto che concentrarti esclusivamente sulle tariffe notturne.

Gli strumenti di pricing dinamico possono svolgere un ruolo significativo in questo processo. Questi strumenti analizzano dati di mercato, prezzi dei concorrenti e tendenze della domanda per regolare automaticamente le tariffe. Utilizzando tali strumenti, puoi assicurarti che la tua proprietà rimanga competitiva catturando al contempo tariffe più elevate durante i periodi di alta domanda. Questo non solo aumenta la tua tariffa media giornaliera, ma aiuta anche a mantenere un'occupazione costante, entrambi fattori che contribuiscono a un DSCR più forte.

L'occupazione è il secondo fattore critico delle performance. Anche con elevate tariffe notturne, una proprietà che rimane vuota per lunghi periodi avrà difficoltà a generare reddito sufficiente. Mantenere alta l'occupazione richiede una combinazione di marketing efficace, ottimizzazione dell'annuncio e un'esperienza eccezionale per gli ospiti. Questo include fotografie professionali, descrizioni persuasive, comunicazione rapida e recensioni positive. Ognuno di questi fattori contribuisce alla visibilità e all'attrattiva della tua proprietà, aumentando la probabilità di prenotazioni.

La stagionalità è un aspetto intrinseco degli investimenti Airbnb, e gestirla efficacemente è essenziale per mantenere un'occupazione costante. Mercati diversi sperimentano stagioni di punta e periodi di bassa stagione, e la tua strategia dovrebbe adattarsi di conseguenza. Durante i periodi più lenti, potresti dover regolare i prezzi, offrire sconti o mirare a diversi tipi di ospiti per mantenere le prenotazioni. Comprendere questi modelli e pianificarli in anticipo può aiutarti a stabilizzare il reddito e proteggere il tuo DSCR.

La gestione delle spese è il terzo pilastro dell'ottimizzazione. Sebbene aumentare il reddito sia importante, controllare i costi è altrettanto fondamentale. Spese operative come pulizie, manutenzione, utenze e commissioni delle piattaforme possono influenzare significativamente il tuo reddito operativo netto. Ottimizzando queste spese, puoi migliorare il tuo DSCR senza necessariamente aumentare il reddito. Questo potrebbe comportare la negoziazione di tariffe migliori con i fornitori di servizi, l'implementazione di soluzioni energeticamente efficienti o la semplificazione delle operazioni per ridurre i costi.

Un altro aspetto importante dell'ottimizzazione riguarda il design della proprietà e i servizi offerti. Il modo in cui la tua proprietà viene presentata può avere un impatto significativo sia sui prezzi che sull'occupazione. Caratteristiche uniche, design moderno e servizi ben studiati possono differenziare la tua proprietà dai concorrenti, consentendoti di applicare tariffe più elevate e attrarre più prenotazioni. Questo potrebbe includere l'aggiunta di una vasca idromassaggio, il miglioramento dell'arredamento o la creazione di un tema distintivo che attiri il tuo pubblico target. Questi miglioramenti possono portare a ricavi più elevati e a un DSCR più forte.

L'esperienza degli ospiti è un fattore critico che collega tutti questi elementi. Le recensioni positive non solo migliorano il posizionamento della tua proprietà su Airbnb, ma costruiscono anche fiducia con i potenziali ospiti. Questo può portare a maggiore occupazione, maggiore potere di prezzo e prenotazioni ripetute. Offrire un'esperienza fluida e piacevole richiede attenzione ai dettagli, dal processo di prenotazione al check-in, soggiorno e checkout. Fornendo costantemente esperienze di alta qualità, puoi creare un vantaggio competitivo che si traduce in performance finanziarie.

Un'altra strategia avanzata è la diversificazione del reddito. Oltre alle prenotazioni notturne, puoi esplorare ulteriori fonti di reddito come commissioni di pulizia, supplementi per animali domestici, opzioni di check-in anticipato o checkout posticipato ed esperienze locali. Sebbene queste possano sembrare minori singolarmente, nel tempo possono sommarsi e contribuire al tuo reddito complessivo. Questo reddito incrementale può migliorare il tuo DSCR e aumentare la redditività della proprietà.

La tecnologia e l'automazione svolgono un ruolo significativo nell'ottimizzazione. Dagli strumenti di pricing ai software di gestione immobiliare, questi strumenti possono aiutarti a gestire le operazioni in modo più efficiente e prendere decisioni basate sui dati. L'automazione può ridurre il tempo e lo sforzo necessari per gestire la proprietà, permettendoti di concentrarti su strategia e crescita. Può inoltre migliorare la coerenza, assicurando che la tua proprietà mantenga un alto standard di performance.

Il benchmarking è un'altra pratica importante. Confrontando le performance della tua proprietà con quelle di proprietà simili nel tuo mercato, puoi identificare aree di miglioramento e fissare obiettivi realistici. Questo include l'analisi di metriche come tariffa media giornaliera, tasso di occupazione, reddito per notte disponibile e valutazioni degli ospiti. Monitorando continuamente queste metriche, puoi apportare aggiustamenti informati e ottimizzare le tue performance nel tempo.

È inoltre importante considerare l'impatto a lungo termine dell'ottimizzazione. Sebbene i guadagni a breve termine siano preziosi, l'obiettivo è creare un sistema sostenibile che produca costantemente risultati forti. Questo significa bilanciare crescita del reddito e controllo delle spese, mantenere elevati standard qualitativi e adattarsi alle mutevoli condizioni di mercato. Concentrandoti sulle performance a lungo termine, puoi costruire un portafoglio che rimanga resiliente e redditizio nel tempo.

Man mano che espandi il tuo portafoglio, i principi dell'ottimizzazione diventano ancora più importanti. Piccoli miglioramenti nei prezzi, nell'occupazione o nelle spese possono avere un impatto significativo quando applicati a più proprietà. Questo crea un effetto composto, in cui piccoli incrementi portano a sostanziali aumenti del reddito totale. Applicando questi principi con costanza, puoi migliorare le performance dell'intero portafoglio e rafforzare la tua posizione finanziaria complessiva.

In definitiva, ottimizzare le performance di Airbnb significa prendere il controllo del tuo investimento. Significa comprendere i fattori che guidano ricavi e spese e utilizzare questa conoscenza per massimizzare i risultati. Concentrandoti su prezzi, occupazione e redditività, puoi migliorare il tuo DSCR, ottenere finanziamenti migliori e creare un portafoglio immobiliare scalabile e ad alte performance.

Come l'Ottimizzazione Aumenta il DSCR e Sblocca la Crescita

Per vedere come l'ottimizzazione influenzi direttamente il DSCR e le performance di investimento, analizziamo un esempio dettagliato. Immagina un'investitrice di nome Laura che possiede una proprietà Airbnb acquistata per 480.000 dollari. Ha versato un acconto del 20%, risultando in un importo di prestito di 384.000 dollari con un tasso di interesse del 7,5%. Il suo pagamento mensile di capitale e interessi è di circa 2.685 dollari. Inclusi tasse e assicurazione, il suo servizio totale mensile del debito è di 3.300 dollari.

DSCR=\frac{\text{Reddito Operativo Netto}}{\text{Servizio del Debito}}

Nello scenario iniziale, Laura imposta una tariffa media giornaliera di 220 dollari con un tasso di occupazione del 65%. Questo produce circa 19,5 giorni prenotati al mese, generando un reddito lordo mensile di 4.290 dollari. Dopo spese operative di 1.200 dollari, il suo reddito operativo netto è di 3.090 dollari. Dividendo questo importo per il servizio del debito di 3.300 dollari si ottiene un DSCR di 0,94, inferiore alla soglia richiesta e che probabilmente comporterebbe difficoltà nell'ottenimento del prestito.

Rendendosi conto di ciò, Laura decide di ottimizzare la proprietà. Migliora il design degli interni, aggiunge fotografie professionali e migliora la descrizione dell'annuncio. Implementa inoltre uno strumento di pricing dinamico per adattare le tariffe in base alla domanda. Di conseguenza, la sua tariffa media giornaliera aumenta a 250 dollari e l'occupazione sale al 72%. Questo produce circa 21,6 giorni prenotati al mese, generando un reddito lordo mensile di 5.400 dollari.

Dopo l'ottimizzazione, le sue spese operative aumentano leggermente a 1.300 dollari a causa della maggiore occupazione e dei servizi aggiuntivi. Tuttavia, il suo reddito operativo netto sale a 4.100 dollari. Dividendo questo importo per il servizio del debito di 3.300 dollari si ottiene un DSCR di 1,24, che soddisfa la maggior parte dei requisiti dei finanziatori e migliora significativamente la sua posizione finanziaria.

Ora analizziamo l'impatto di ulteriori ottimizzazioni. Laura introduce fonti di reddito aggiuntive, come supplementi per animali domestici e opzioni di check-in anticipato, aggiungendo ulteriori 300 dollari al mese di reddito. Il suo reddito lordo mensile aumenta a 5.700 dollari e il suo reddito operativo netto sale a 4.400 dollari. Questo produce un DSCR di 1,33, offrendo un forte margine di sicurezza e aprendo la porta a ulteriori opportunità di finanziamento.

Consideriamo ora l'ottimizzazione delle spese. Negoziando tariffe migliori con il servizio di pulizia e riducendo i costi delle utenze, Laura abbassa le sue spese mensili a 1.150 dollari. Questo aumenta il suo reddito operativo netto a 4.550 dollari, risultando in un DSCR di 1,38. Questo dimostra come sia la gestione del reddito sia quella delle spese contribuiscano a migliorare le performance.

Infine, analizziamo una flessione stagionale. Se l'occupazione scende al 60% mantenendo la tariffa ottimizzata di 250 dollari per notte, il reddito lordo mensile di Laura diminuisce a 4.500 dollari. Dopo le spese, il suo reddito operativo netto è di 3.350 dollari. Dividendo questo importo per il servizio del debito si ottiene un DSCR di 1,02, che rimane sopra la soglia minima grazie ai suoi sforzi di ottimizzazione. Questo esempio illustra il potere dell'ottimizzazione negli investimenti Airbnb con DSCR. Migliorando prezzi, occupazione e gestione delle spese, Laura trasforma un'operazione debole in un investimento forte e scalabile. Questi miglioramenti non solo aumentano le performance della sua proprietà attuale, ma la posizionano anche per acquisire ulteriori proprietà ed espandere il suo portafoglio.

Capitolo 8

Strategie di Rifinanziamento e Cash-Out — Sbloccare l'Equity per Espandere il Tuo Portafoglio Airbnb

Mentre molti investitori si concentrano sull'acquisizione, coloro che riescono veramente a espandersi comprendono che l'equity non deve rimanere inutilizzata—deve essere sfruttata. Le strategie di rifinanziamento e cash-out ti permettono di sbloccare il valore che hai costruito all'interno delle tue proprietà e ridistribuire quel capitale in nuove opportunità. Quando combinato con il finanziamento DSCR, questo crea un potente motore di crescita, consentendoti di espanderti più rapidamente senza fare affidamento esclusivamente su nuovi risparmi.

Nel suo nucleo essenziale, il rifinanziamento è il processo di sostituzione del prestito esistente con uno nuovo, generalmente con condizioni differenti. Questo può essere fatto per diverse ragioni, inclusa la riduzione del tasso di interesse, l'estensione della durata del prestito o l'accesso all'equity tramite un cash-out refinance. Nel contesto degli investimenti Airbnb, il tipo di rifinanziamento più importante è il cash-out refinance, che ti consente di convertire una parte dell'equity della proprietà in capitale liquido. Questo capitale può poi essere utilizzato per finanziare ulteriori acquisizioni immobiliari, ristrutturazioni o altri investimenti.

Il concetto di equity è centrale in questa strategia. L'equity è la differenza tra il valore di mercato attuale della tua proprietà e il saldo residuo del prestito. Man mano che la proprietà si apprezza di valore e il saldo del mutuo diminuisce nel tempo, la tua equity cresce. Nei mercati Airbnb ad alte performance, questa crescita può essere accelerata sia dall'apprezzamento del mercato sia dall'aumento del potenziale di reddito. I finanziatori riconoscono questo valore e ti consentono di accedere a una parte di esso tramite rifinanziamento, generalmente fino a un determinato rapporto loan-to-value, come il 70% o l'80%.

Uno dei principali vantaggi dell'utilizzo di prestiti DSCR per il rifinanziamento è che il processo di qualificazione rimane focalizzato sulle performance della proprietà piuttosto che sul reddito personale. Questo significa che, finché la proprietà genera reddito sufficiente a soddisfare i requisiti DSCR, puoi rifinanziare e accedere all'equity senza le limitazioni della tradizionale verifica del reddito. Questo è particolarmente prezioso per gli investitori che stanno espandendo il proprio portafoglio e potrebbero non avere il reddito personale necessario per supportare ulteriore finanziamento secondo le linee guida convenzionali.

Il tempismo è un fattore critico nel rifinanziamento. L'obiettivo è rifinanziare quando la tua proprietà ha sia aumentato il proprio valore sia stabilizzato le proprie performance. La stabilizzazione generalmente significa che la proprietà possiede una storia costante di reddito, supportata da cronologia delle prenotazioni, tassi di occupazione e dati sui ricavi. Questo fornisce ai finanziatori fiducia nelle performance della proprietà e supporta valutazioni e proiezioni di reddito più elevate. Rifinanziare troppo presto, prima che la proprietà raggiunga questo livello di stabilità, può comportare valutazioni inferiori e accesso ridotto all'equity.

Un'altra considerazione importante è l'impatto del rifinanziamento sul tuo DSCR. Quando aumenti l'importo del prestito tramite un cash-out refinance, aumenterà anche il tuo servizio mensile del debito. Questo significa che la proprietà deve generare reddito aggiuntivo sufficiente per mantenere un DSCR accettabile. Come investitore, devi analizzare attentamente questo compromesso, assicurandoti che i benefici derivanti dall'accesso all'equity superino il potenziale impatto sul cash flow e sul profilo di rischio. Ciò richiede una comprensione approfondita del potenziale di reddito della proprietà e delle spese operative.

La strategia BRRRR — Buy, Rehab, Rent, Refinance, Repeat — è particolarmente adatta agli investimenti Airbnb quando combinata con prestiti DSCR. In questo approccio, acquisisci una proprietà, la migliori per aumentarne il valore e il potenziale di reddito, la gestisci come affitto a breve termine e poi rifinanzi per estrarre equity. Questo processo può essere ripetuto più volte, permettendoti di costruire un portafoglio utilizzando lo stesso capitale iniziale. La chiave del successo con questa strategia è eseguire efficacemente ogni fase, dalla selezione della proprietà giusta fino all'ottimizzazione delle performance e al corretto tempismo del rifinanziamento.

I tassi di interesse e le condizioni di mercato svolgono anch'essi un ruolo significativo nelle decisioni di rifinanziamento. Tassi di interesse più bassi possono ridurre i tuoi pagamenti mensili e migliorare il tuo DSCR, mentre tassi più elevati possono aumentare il servizio del debito e ridurre il cash flow. Come investitore, dovresti monitorare le condizioni di mercato e considerare opportunità di rifinanziamento quando si allineano con i tuoi obiettivi finanziari. Questo potrebbe includere bloccare tassi più bassi, modificare i termini del prestito o scegliere strategicamente il momento del cash-out refinance per massimizzare i benefici.

Un altro potente aspetto del rifinanziamento è la possibilità di consolidare o ristrutturare il debito. Ad esempio, potresti scegliere di rifinanziare più proprietà in un unico prestito o modificare le condizioni dei prestiti esistenti per migliorare il cash flow. Sebbene questo approccio richieda pianificazione e coordinamento accurati, può semplificare la tua struttura finanziaria e migliorare le performance complessive del portafoglio. Tuttavia, è importante lavorare con finanziatori e consulenti esperti per assicurarsi che queste strategie vengano eseguite correttamente.

La gestione del rischio rimane una considerazione fondamentale nell'utilizzo delle strategie di rifinanziamento. Sebbene accedere all'equity possa accelerare la crescita, aumenta anche la leva finanziaria e l'esposizione alle fluttuazioni del mercato. Un eccessivo utilizzo della leva può creare tensioni finanziarie, specialmente se il reddito della proprietà diminuisce o le spese aumentano. Per mitigare questo rischio, dovresti mantenere rapporti loan-to-value conservativi, costruire forti riserve e assicurarti che ogni proprietà rimanga positiva in termini di cash flow dopo il rifinanziamento. Questo approccio disciplinato ti consente di espanderti mantenendo stabilità finanziaria.

Un altro fattore importante è l'utilizzo dei fondi ottenuti tramite rifinanziamento. Il capitale estratto dovrebbe essere impiegato strategicamente, idealmente in investimenti che generano rendimenti superiori al costo del finanziamento. Questo potrebbe includere l'acquisizione di ulteriori proprietà Airbnb, il miglioramento di proprietà esistenti per aumentare il reddito o la diversificazione in altri asset generatori di reddito. Utilizzando efficacemente la tua equity, puoi creare un ciclo di crescita che espande continuamente il tuo portafoglio e aumenta il tuo reddito complessivo.

Anche le considerazioni fiscali svolgono un ruolo nelle strategie di rifinanziamento. Sebbene i dettagli dipendano dalla tua situazione individuale e dalle normative locali, i proventi di un cash-out refinance generalmente non sono considerati reddito imponibile perché vengono trattati come fondi derivanti da un prestito piuttosto che come guadagni. Questo può fornire un modo fiscalmente efficiente per accedere al capitale rispetto alla vendita di una proprietà e alla realizzazione di plusvalenze. Tuttavia, è importante consultare un professionista fiscale per comprendere le implicazioni e assicurarsi che la strategia sia allineata ai tuoi obiettivi finanziari.

Man mano che continui a espandere il tuo portafoglio Airbnb, il rifinanziamento diventa un componente chiave della tua strategia complessiva. Ti consente di sbloccare il valore che hai creato, reinvestirlo in nuove opportunità e accelerare la crescita. Se utilizzato correttamente, trasforma le tue proprietà da asset statici a strumenti dinamici per la creazione di ricchezza. Comprendendo i meccanismi del rifinanziamento, l'impatto sul DSCR e l'importanza del tempismo e della gestione del rischio, puoi sfruttare questa strategia per costruire un business immobiliare scalabile e sostenibile.

Questo capitolo fornisce il quadro di riferimento per utilizzare efficacemente le strategie di rifinanziamento e cash-out. Evidenzia l'importanza dell'equity, del tempismo e dell'esecuzione disciplinata, mostrando come questi elementi si combinino per supportare la crescita a lungo termine. Man mano che procederai, questi principi ti aiuteranno a prendere decisioni informate, massimizzare i rendimenti e continuare a espandere il tuo portafoglio Airbnb con fiducia.

Cash-Out Refinance per Acquisire Proprietà Aggiuntive

Per illustrare come funzionano nella pratica le strategie di rifinanziamento e cash-out, consideriamo un investitore di nome Daniel che possiede una proprietà Airbnb aumentata sia di valore sia di reddito. Daniel ha originariamente acquistato la proprietà per 400.000 dollari con un acconto del 20%, risultando in un importo di prestito di 320.000 dollari. Dopo due anni di forti performance e apprezzamento del mercato, la proprietà ora vale 520.000 dollari.

Il saldo attuale del prestito di Daniel è stato ridotto a 310.000 dollari. Questo significa che possiede 210.000 dollari di equity (520.000 meno 310.000). Il finanziatore consente un cash-out refinance fino al 75% loan-to-value, il che significa che Daniel può ottenere un nuovo prestito di 390.000 dollari (75% di 520.000). Dopo aver estinto il prestito esistente di 310.000 dollari, gli rimangono 80.000 dollari in contanti.

DSCR=\frac{\text{Reddito Operativo Netto}}{\text{Nuovo Servizio del Debito}}

Ora analizziamo l'impatto sul suo DSCR. Prima del rifinanziamento, il servizio mensile del debito di Daniel era di 2.800 dollari e il suo reddito operativo netto era di 4.200 dollari, risultando in un DSCR di 1,50. Dopo il rifinanziamento, il nuovo prestito di 390.000 dollari con un tasso di interesse del 7,5% produce un pagamento mensile di circa 3.200 dollari. Inclusi tasse e assicurazione, il servizio totale mensile del debito aumenta a 3.800 dollari.

Con lo stesso reddito operativo netto di 4.200 dollari, il nuovo DSCR di Daniel diventa 1,11. Sebbene inferiore rispetto a prima, soddisfa ancora la maggior parte dei requisiti dei finanziatori e gli consente di accedere a 80.000 dollari di capitale. Daniel utilizza questo capitale come acconto per una seconda proprietà Airbnb del valore di 400.000 dollari. La seconda proprietà genera un reddito operativo netto di 3.800 dollari con un servizio del debito di 2.900 dollari, risultando in un DSCR di 1,31. Ora Daniel possiede due proprietà con un reddito operativo netto combinato di 8.000 dollari e un servizio totale del debito di 6.700 dollari, risultando in un DSCR di portafoglio di circa 1,19.

Analizziamo ora un'ottimizzazione. Se Daniel migliora le performance della sua prima proprietà, aumentando il reddito operativo netto a 4.500 dollari, il suo DSCR sale a 1,18. Combinato con la seconda proprietà, il DSCR del portafoglio aumenta a circa 1,23, rafforzando la sua posizione finanziaria complessiva.

Ora consideriamo uno scenario di stress. Se il reddito di entrambe le proprietà diminuisce del 10%, il reddito operativo netto combinato scende a 7.200 dollari. Con lo stesso servizio del debito di 6.700 dollari, il DSCR del portafoglio diventa 1,07. Sebbene ancora superiore a 1,0, il margine si riduce, evidenziando l'importanza delle riserve e di una leva finanziaria conservativa.

Infine, considera l'impatto a lungo termine. Utilizzando un cash-out refinance, Daniel è stato in grado di acquisire una seconda proprietà senza risparmiare capitale aggiuntivo. Man mano che entrambe le proprietà continuano a generare reddito e ad aumentare di valore, può ripetere questo processo, utilizzando l'equity per finanziare future acquisizioni ed espandere il proprio portafoglio.

Questo esempio dimostra come le strategie di rifinanziamento e cash-out possano accelerare la crescita negli investimenti Airbnb con DSCR. Gestendo attentamente l'equity, analizzando l'impatto sul DSCR e mantenendo un approccio disciplinato, gli investitori possono sfruttare le proprietà esistenti per costruire un portafoglio più grande e redditizio.

Capitolo 9

Prestiti Ipotecari Airbnb per Proprietà Multifamiliari — Crescere con Duplex, Triplex e Fourplex

Duplex, triplex e fourplex offrono un vantaggio unico che le proprietà unifamiliari non possono eguagliare: molteplici flussi di reddito sotto lo stesso tetto. Quando combinati con prestiti ipotecari DSCR per Airbnb, questi tipi di proprietà creano un'opportunità per aumentare significativamente il cash flow, migliorare la diversificazione del rischio e costruire un portafoglio più resiliente. Tuttavia, introducono anche complessità aggiuntive che devono essere comprese e gestite efficacemente.

Alla base dell'investimento Airbnb multifamiliare vi è il concetto di stratificazione del reddito. Invece di fare affidamento su una sola unità per generare entrate, hai più unità che contribuiscono al reddito complessivo della proprietà. Questo può aumentare drasticamente il potenziale di reddito totale e migliorare il tuo DSCR. Ad esempio, un duplex con due unità Airbnb ad alte performance può spesso generare più reddito combinato rispetto a una proprietà unifamiliare di valore simile. Questo reddito più elevato può rendere più semplice soddisfare i requisiti dei finanziatori e creare un cash flow più forte.

Uno dei principali vantaggi delle proprietà multifamiliari è la loro capacità di bilanciare il rischio. In un Airbnb unifamiliare, se la proprietà rimane vuota, il reddito scende a zero. In una proprietà multifamiliare, anche se una unità è non occupata, le altre possono continuare a generare reddito. Questo crea un flusso di reddito più stabile e prevedibile, particolarmente importante nel contesto dei prestiti DSCR. I finanziatori considerano le proprietà con flussi di reddito diversificati meno rischiose, il che può migliorare le tue probabilità di approvazione e potenzialmente portare a condizioni di prestito migliori.

Tuttavia, qualificarsi per proprietà Airbnb multifamiliari richiede una comprensione più approfondita di come viene valutato il reddito. I finanziatori generalmente analizzeranno il reddito combinato di tutte le unità, utilizzando affitto di mercato, dati sugli affitti a breve termine o una combinazione di entrambi. La sfida consiste nell'assicurarsi che ogni unità sia ottimizzata per le performance e che il reddito totale soddisfi i requisiti DSCR. Questo significa che devi analizzare ogni unità individualmente e collettivamente, considerando fattori come occupazione, prezzi e spese operative.

Un'altra considerazione importante riguarda la zonizzazione e la conformità normativa. Le proprietà multifamiliari hanno maggiori probabilità di essere soggette a regolamentazioni più severe, soprattutto quando utilizzate per affitti a breve termine. Le leggi locali possono limitare il numero di unità affittabili a breve termine, richiedere permessi o imporre ulteriori restrizioni. Come investitore, devi ricercare attentamente queste normative prima di acquistare una proprietà, assicurandoti che l'utilizzo previsto sia conforme alle linee guida locali. Non farlo può influire significativamente sul potenziale di reddito e sulla strategia complessiva di investimento.

La complessità operativa è un altro fattore che aumenta con le proprietà multifamiliari. Gestire più unità richiede maggiore coordinamento, dai programmi di pulizia alla comunicazione con gli ospiti fino alla manutenzione e gestione dell'inventario. Sebbene questo possa aumentare il carico di lavoro, crea anche opportunità di efficienza. Ad esempio, i team di pulizia possono servire più unità nella stessa posizione, riducendo i costi e migliorando i tempi di turnover. Allo stesso modo, sistemi di gestione centralizzati possono semplificare le operazioni e migliorare le performance complessive.

La strategia di prezzo diventa ancora più importante in un contesto multifamiliare. Ogni unità può avere caratteristiche differenti, come dimensioni, layout e servizi, che influenzano il prezzo. Potresti scegliere di posizionare le unità in modo diverso, rivolgendoti a segmenti di ospiti differenti per massimizzare occupazione e reddito. Ad esempio, una unità potrebbe essere orientata alle famiglie, mentre un'altra potrebbe attirare coppie o viaggiatori d'affari. Diversificando la strategia di prezzo, puoi catturare una gamma più ampia di domanda e ottimizzare le performance complessive.

Anche la gestione delle spese svolge un ruolo cruciale negli investimenti multifamiliari. Sebbene alcuni costi possano aumentare con unità aggiuntive, altri possono essere condivisi o ridotti grazie alle economie di scala. Ad esempio, utenze, manutenzione e costi di gestione possono risultare più efficienti se distribuiti su più unità. Gestendo attentamente queste spese, puoi migliorare il tuo reddito operativo netto e rafforzare il tuo DSCR. Ciò richiede una comprensione dettagliata sia dei costi fissi sia di quelli variabili e di come influenzano le performance finanziarie complessive.

Finanziare proprietà multifamiliari con prestiti DSCR offre vantaggi unici. Poiché il prestito si basa sul reddito della proprietà, il maggiore reddito derivante da più unità può supportare importi di prestito più elevati e valori immobiliari superiori. Questo ti consente di acquisire asset di maggior valore senza fare affidamento sul reddito personale. Tuttavia, i finanziatori possono anche applicare requisiti più rigidi, come soglie DSCR più elevate o maggiori requisiti di riserva, a causa della maggiore complessità di queste proprietà. Comprendere questi requisiti e prepararsi di conseguenza è essenziale per un finanziamento di successo.

Un'altra strategia potente consiste nel combinare modelli di affitto a breve e lungo termine all'interno della stessa proprietà multifamiliare. Ad esempio, potresti gestire alcune unità come Airbnb mentre ne affitti altre con contratti a lungo termine. Questo approccio ibrido può fornire una base stabile di reddito consentendoti allo stesso tempo di sfruttare il maggiore potenziale di reddito degli affitti a breve termine. Offre inoltre flessibilità, permettendoti di adattare la strategia in base alle condizioni di mercato e ai cambiamenti normativi.

Espandersi con proprietà multifamiliari può accelerare significativamente la crescita del portafoglio. Invece di acquisire più proprietà unifamiliari, puoi ottenere redditi simili o superiori con meno transazioni. Questo riduce i costi di acquisizione, semplifica la gestione e ti consente di costruire un portafoglio più grande in modo più efficiente. Inoltre, le proprietà multifamiliari spesso si apprezzano in valore in base al loro potenziale di reddito, creando opportunità per rifinanziamenti ed estrazione di equity.

La gestione del rischio rimane una considerazione fondamentale. Sebbene le proprietà multifamiliari offrano diversificazione, richiedono anche pianificazione ed esecuzione attente. Sovrastimare il reddito, sottostimare le spese o non rispettare le normative può portare a difficoltà finanziarie. Per mitigare questi rischi, dovresti condurre una due diligence approfondita, utilizzare proiezioni conservative e mantenere forti riserve. Affrontando gli investimenti multifamiliari con disciplina e strategia, puoi massimizzarne i benefici riducendo al minimo i potenziali svantaggi.

Man mano che passi agli investimenti Airbnb multifamiliari, la tua mentalità deve evolversi. Non stai più gestendo una singola proprietà—stai gestendo una piccola attività di ospitalità. Questo richiede un livello più elevato di organizzazione, pensiero strategico ed efficienza operativa. Tuttavia, offre anche ricompense maggiori, inclusi reddito superiore, migliore scalabilità e maggiore stabilità finanziaria. Padroneggiando questi concetti, puoi sbloccare il pieno potenziale delle proprietà multifamiliari e portare i tuoi investimenti Airbnb al livello successivo.

Questo capitolo fornisce le basi per comprendere come le proprietà multifamiliari si inseriscano nella tua strategia DSCR per Airbnb. Sfruttando molteplici flussi di reddito, ottimizzando le performance e gestendo efficacemente la complessità, puoi costruire un portafoglio sia scalabile sia resiliente. Man mano che continuerai il tuo percorso, questi principi guideranno le tue decisioni e ti aiuteranno a creare un business immobiliare sostenibile e redditizio.

Duplex Airbnb vs Proprietà Unifamiliare

Per comprendere il potere degli investimenti Airbnb multifamiliari, confrontiamo una proprietà unifamiliare con un duplex utilizzando i calcoli DSCR. Immagina un'investitrice di nome Carla che sta valutando due proprietà, entrambe al prezzo di 500.000 dollari. Prevede di versare un acconto del 20% per ciascuna opzione, risultando in un importo di prestito di 400.000 dollari. Il tasso di interesse è del 7,5%, e il servizio totale mensile del debito (incluse tasse e assicurazione) è di 3.500 dollari.

DSCR=\frac{\text{Reddito Operativo Netto Totale}}{\text{Servizio del Debito}}

Per prima cosa analizziamo la proprietà unifamiliare. Sulla base dei dati di mercato, la proprietà genera un reddito lordo mensile di 5.200 dollari come Airbnb. Le spese operative sono di 1.300 dollari, risultando in un reddito operativo netto di 3.900 dollari. Dividendo questo importo per il servizio del debito di 3.500 dollari si ottiene un DSCR di 1,11. Sebbene soddisfi i requisiti minimi, offre un margine di sicurezza limitato.

Ora analizziamo il duplex. Ogni unità genera un reddito lordo mensile di 3.200 dollari, risultando in un reddito lordo combinato di 6.400 dollari. Le spese operative sono più elevate a causa delle unità multiple, per un totale di 1.800 dollari al mese. Questo lascia un reddito operativo netto di 4.600 dollari. Dividendo questo importo per lo stesso servizio del debito di 3.500 dollari si ottiene un DSCR di 1,31. Questo rapporto significativamente più forte migliora l'idoneità al prestito e fornisce maggiore cash flow.

Consideriamo ora uno scenario di vacanza. Nella proprietà unifamiliare, se l'occupazione diminuisce del 20%, il reddito operativo netto scende a 3.200 dollari, risultando in un DSCR di 0,91. Questo scende sotto livelli accettabili. Nel duplex, se una unità sperimenta una riduzione dell'occupazione mentre l'altra rimane stabile, il reddito operativo netto combinato potrebbe diminuire a 4.000 dollari, risultando in un DSCR di 1,14. Questo dimostra la stabilità fornita da molteplici flussi di reddito.

Ora esploriamo l'ottimizzazione. Se Carla migliora le performance di ciascuna unità del duplex, aumentando il reddito medio a 3.400 dollari per unità, il reddito lordo combinato sale a 6.800 dollari. Dopo le spese, il reddito operativo netto diventa 5.000 dollari, risultando in un DSCR di 1,43. Questo forte rapporto offre un significativo margine di sicurezza e apre la porta a migliori condizioni di finanziamento.

Infine, considera la crescita del portafoglio. Acquistando un duplex invece di una proprietà unifamiliare, Carla raddoppia effettivamente i suoi flussi di reddito con una sola transazione. Continuando a investire in proprietà multifamiliari, può costruire un portafoglio in modo più efficiente, riducendo i costi di acquisizione e aumentando il reddito complessivo.

Questo esempio evidenzia i vantaggi degli investimenti Airbnb multifamiliari. Sfruttando più unità, gli investitori possono aumentare il reddito, migliorare il DSCR e creare portafogli più stabili e scalabili.

[illegible]

Man mano che raggiungi la fase avanzata degli investimenti Airbnb, il gioco cambia: non si tratta più semplicemente di qualificarsi per i prestiti, ma di strutturare strategicamente le operazioni. A questo livello, il successo non è più determinato dal fatto che tu riesca a ottenere l'approvazione, è determinato da quanto intelligentemente combini gli strumenti di finanziamento per massimizzare leva finanziaria, cash flow e crescita a lungo termine. I prestiti DSCR rimangono la base, ma quando vengono combinati con prestiti basati sugli asset e strategie di finanziamento creativo sbloccano un nuovo livello di flessibilità e opportunità. È qui che gli investitori passano dall'essere semplici partecipanti al mercato a veri architetti del proprio ecosistema finanziario.

L'essenza della strutturazione avanzata è la flessibilità. Invece di fare affidamento su un singolo modello di prestito, usi a

Capitolo 10

Strutturazione Avanzata dei Prestiti Ipotecari Airbnb — Combinare DSCR, Prestiti Basati sugli Asset e Finanziamento Creativo

Man mano che raggiungi la fase avanzata degli investimenti Airbnb, il gioco cambia: non si tratta più semplicemente di qualificarsi per i prestiti, ma di strutturare strategicamente le operazioni. A questo livello, il successo non è più determinato dal fatto che tu riesca a ottenere l'approvazione—è determinato da quanto intelligentemente combini gli strumenti di finanziamento per massimizzare leva finanziaria, cash flow e crescita a lungo termine. I prestiti DSCR rimangono la base, ma quando vengono combinati con prestiti basati sugli asset e strategie di finanziamento creativo, sbloccano un nuovo livello di flessibilità e opportunità. È qui che gli investitori passano dall'essere semplici partecipanti al mercato a veri architetti del proprio ecosistema finanziario.

L'essenza della strutturazione avanzata è la flessibilità. Invece di fare affidamento su un singolo prodotto di prestito, inizi a sovrapporre diversi tipi di finanziamento per raggiungere obiettivi specifici. I prestiti DSCR forniscono la struttura principale, consentendoti di qualificarti in base al reddito della proprietà. I prestiti basati sugli asset ti permettono di sfruttare asset esistenti come liquidità, azioni o conti pensionistici. I metodi di finanziamento creativo—come il seller financing, il private lending o le partnership—colmano le lacune, permettendoti di chiudere operazioni che altrimenti sarebbero irraggiungibili. Combinando questi strumenti, puoi personalizzare ogni operazione in base alla tua situazione e ai tuoi obiettivi specifici.

Una delle combinazioni più potenti è il finanziamento DSCR abbinato ai prestiti basati sugli asset. Ad esempio, potresti utilizzare un prestito DSCR per finanziare la maggior parte del prezzo di acquisto della proprietà, utilizzando contemporaneamente una linea di credito garantita da asset per coprire l'acconto. Questo ti consente di acquisire proprietà senza liquidare i tuoi asset, preservando il capitale pur continuando a espandere il portafoglio. La chiave è assicurarsi che la struttura complessiva rimanga sostenibile, con cash flow sufficiente a coprire tutti gli obblighi.

Un'altra strategia avanzata consiste nel combinare più proprietà all'interno di una struttura di portafoglio più ampia.

Invece di considerare ogni proprietà come un investimento isolato, inizi a gestire il portafoglio come un sistema coeso. Questo include ottimizzare la combinazione di tipi di prestito, bilanciare il rischio tra le proprietà e pianificare strategicamente acquisizioni e rifinanziamenti. Ad esempio, potresti utilizzare proprietà ad alte performance con forti rapporti DSCR per compensare o supportare nuove acquisizioni ancora in fase di stabilizzazione. Questo approccio a livello di portafoglio ti consente di crescere in modo più efficiente e gestire il rischio in maniera più efficace.

Il finanziamento creativo svolge un ruolo fondamentale nella strutturazione avanzata. Il seller financing, ad esempio, ti consente di negoziare direttamente le condizioni con il proprietario della proprietà, riducendo potenzialmente il capitale iniziale richiesto o ottenendo condizioni più favorevoli. I private lender possono fornire finanziamenti flessibili per acconti o ristrutturazioni, permettendoti di muoverti rapidamente nei mercati competitivi. Le partnership possono apportare capitale o competenze aggiuntive, consentendoti di perseguire operazioni più grandi o complesse. Ognuna di queste strategie aggiunge un ulteriore livello di flessibilità, ampliando la tua capacità di strutturare operazioni in modo creativo.

La gestione dei tassi di interesse è un'altra considerazione importante. Man mano che combini più fonti di finanziamento, ciascuna con il proprio tasso e le proprie condizioni, il costo complessivo del capitale diventa un fattore chiave. L'obiettivo è bilanciare leva finanziaria e sostenibilità, assicurandoti che il cash flow rimanga forte massimizzando il rendimento dell'investimento. Questo può comportare la priorità a finanziamenti a basso costo per le componenti principali dell'operazione, utilizzando invece opzioni più costose strategicamente per esigenze a breve termine.

L'ottimizzazione del loan-to-value (LTV) è un elemento centrale della strutturazione avanzata. Regolando l'acconto e sfruttando fonti di finanziamento aggiuntive, puoi controllare il tuo LTV e influenzare sia il DSCR sia il profilo di rischio complessivo. Una leva più alta può accelerare la crescita ma aumenta anche il rischio, mentre una leva più bassa offre maggiore stabilità ma richiede più capitale. Trovare il giusto equilibrio è essenziale, e spesso varia in base ai tuoi obiettivi, alle condizioni di mercato e alla tua tolleranza al rischio.

Un altro concetto chiave è l'efficienza del capitale. Gli investitori avanzati non si concentrano soltanto sull'acquisizione di proprietà, ma anche sull'utilizzo del capitale nel modo più efficiente possibile. Questo significa minimizzare i fondi inattivi, riciclare l'equity tramite rifinanziamenti e strutturare le operazioni in modo da massimizzare i rendimenti rispetto al capitale investito. Migliorando l'efficienza del capitale, puoi raggiungere una scala maggiore con le stesse risorse, accelerando il tuo percorso verso l'indipendenza finanziaria.

Tempismo e sequenza sono anch'essi fondamentali. L'ordine con cui esegui i diversi componenti di un'operazione può influenzare sia le opzioni di finanziamento sia il risultato complessivo. Ad esempio, potresti acquisire una proprietà utilizzando un bridge loan, stabilizzarne e ottimizzarne le performance, e poi rifinanziare con un prestito DSCR per ottenere finanziamento a lungo termine. Questo approccio graduale ti consente di catturare valore in ogni fase, trasformando asset sottoperformanti in investimenti ad alte performance.

La gestione del rischio diventa ancora più importante man mano che le strategie diventano più complesse. Ogni ulteriore livello di finanziamento introduce nuove variabili, dai tassi di interesse e condizioni di rimborso fino ai requisiti dei finanziatori e alle condizioni di mercato. Per gestire questa complessità, devi mantenere una chiara comprensione della tua posizione finanziaria complessiva, inclusi cash flow, riserve ed esposizione al rischio. Questo include stress test sulle operazioni, assicurandoti che rimangano sostenibili in diversi scenari e mantenendo margini sufficienti per affrontare sfide impreviste.

Un'altra strategia avanzata consiste nell'utilizzare entità aziendali e strutture societarie per ottimizzare il finanziamento. Detenendo le proprietà in entità separate o utilizzando una struttura a livello di portafoglio, puoi creare maggiore flessibilità nel modo in cui strutturi i prestiti e gestisci il rischio. Questo può anche offrire vantaggi in termini di protezione della responsabilità e efficienza fiscale, sebbene richieda pianificazione accurata e coordinamento con consulenti legali e finanziari.

Le capacità di negoziazione diventano sempre più importanti a questo livello. Che tu stia lavorando con finanziatori, venditori o partner, la tua capacità di negoziare le condizioni può influenzare significativamente i risultati. Questo include negoziare tassi di interesse, termini di prestito, prezzi di acquisto e accordi di partnership. Forti capacità di negoziazione ti consentono di creare scenari win-win che si allineano con i tuoi obiettivi soddisfacendo al contempo le esigenze delle altre parti coinvolte.

Anche la tecnologia e l'analisi dei dati svolgono un ruolo nella strutturazione avanzata. Sfruttando dati su tendenze di mercato, performance delle proprietà e opzioni di finanziamento, puoi prendere decisioni più informate e identificare opportunità che altri potrebbero trascurare. Questo approccio basato sui dati migliora la tua capacità di strutturare operazioni efficacemente e mantenere un vantaggio competitivo sul mercato.

Man mano che integri queste strategie, inizierai a capire che la strutturazione avanzata non riguarda la complessità fine a sé stessa—riguarda creare flessibilità e controllo. Ti consente di adattarti a situazioni differenti, superare ostacoli e cogliere opportunità che altrimenti sarebbero inaccessibili. Trasforma il tuo approccio da reattivo a proattivo, permettendoti di plasmare i tuoi investimenti invece di limitarti a reagire agli eventi.

In definitiva, padroneggiare la strutturazione avanzata dei prestiti ipotecari Airbnb significa costruire un sistema che lavori per te. Significa combinare gli strumenti giusti nel modo corretto per raggiungere i tuoi obiettivi, che si tratti di crescita rapida, massimizzazione del cash flow o creazione di stabilità a lungo termine. Comprendendo e applicando questi principi, puoi elevare la tua strategia di investimento a un livello in cui non stai semplicemente acquisendo proprietà—stai costruendo un business immobiliare sofisticato, scalabile e resiliente.

Combinare DSCR, Prestiti Basati sugli Asset e Finanziamento Creativo

Per illustrare come funziona nella pratica la strutturazione avanzata, consideriamo un investitore di nome Victor che sta acquisendo una proprietà Airbnb ad alte performance dal valore di 700.000 dollari. Invece di utilizzare un singolo metodo di finanziamento, Victor combina più strategie per ottimizzare l'operazione.

Ottiene un prestito DSCR che copre il 75% del prezzo di acquisto, risultando in un importo di prestito di 525.000 dollari. Con un tasso di interesse del 7,5%, il pagamento mensile di capitale e interessi è di circa 3.670 dollari. Inclusi tasse e assicurazione, il servizio totale mensile del debito è di 4.400 dollari.

$$DSCR=\frac{\text{Reddito Operativo Netto}}{\text{Obblighi Totali del Debito}}$$

La proprietà genera un reddito lordo mensile di 8.000 dollari, con spese operative di 2.000 dollari, risultando in un reddito operativo netto di 6.000 dollari. Dividendo questo importo per il servizio del debito di 4.400 dollari si ottiene un DSCR di 1,36, un valore forte che supporta l'approvazione del prestito.

Per coprire il restante 25% dell'acconto (175.000 dollari), Victor utilizza una combinazione di finanziamento basato sugli asset e prestito privato. Ottiene una linea di credito di 100.000 dollari garantita dal suo portafoglio di investimenti con un tasso di interesse del 6%, risultando in un pagamento mensile di circa 500 dollari. Ottiene inoltre un prestito privato di 75.000 dollari all'8% di interesse, con un pagamento mensile di 500 dollari. Questo porta i suoi obblighi mensili aggiuntivi totali a 1.000 dollari.

Ora dobbiamo ricalcolare il DSCR effettivo, considerando tutti gli obblighi debitori. Gli obblighi mensili totali di Victor sono ora di 5.400 dollari (4.400 dollari del prestito DSCR + 1.000 dollari di finanziamento aggiuntivo). Dividendo il reddito operativo netto di 6.000 dollari per 5.400 dollari si ottiene un DSCR rettificato di 1,11. Sebbene inferiore rispetto al DSCR iniziale, rimane sopra la soglia minima e consente a Victor di completare l'operazione con una minima quantità di denaro personale investito.

Consideriamo ora un'ottimizzazione. Se Victor migliora le performance della proprietà, aumentando il reddito operativo netto a 6.500 dollari, il suo DSCR rettificato sale a 1,20.

Questo rafforza la sua posizione e fornisce un margine di sicurezza contro le fluttuazioni del mercato.

Ora analizziamo una strategia di rifinanziamento. Dopo due anni, la proprietà si apprezza fino a 850.000 dollari e Victor rifinanzia al 75% LTV, ottenendo un nuovo prestito di 637.500 dollari. Utilizza i proventi per estinguere il prestito privato e ridurre la linea di credito basata sugli asset. Il nuovo pagamento mensile del prestito DSCR aumenta a 5.200 dollari, ma i suoi obblighi aggiuntivi diminuiscono a 300 dollari. Gli obblighi mensili totali diventano quindi 5.500 dollari.

Con performance migliorate della proprietà che generano un reddito operativo netto di 6.800 dollari, il nuovo DSCR di Victor è di circa 1,24. Questo dimostra come il rifinanziamento possa semplificare la struttura e migliorare la sostenibilità a lungo termine.

Infine, consideriamo uno scenario di stress. Se il reddito operativo netto scende a 5.800 dollari, il DSCR di Victor diventa 1,05. Sebbene ancora superiore a 1,0, il margine si riduce, evidenziando l'importanza delle riserve e di una strutturazione conservativa.

Questo esempio mostra come combinare DSCR, prestiti basati sugli asset e finanziamento creativo permetta agli investitori di acquisire proprietà di maggior valore, ottimizzare l'utilizzo del capitale ed espandersi in modo più efficiente. Comprendendo come ogni componente influenzi il DSCR complessivo e il profilo di rischio, puoi strutturare operazioni che massimizzano sia la crescita sia la stabilità.

Capitolo 11

Gestione del Rischio e Stabilità a Lungo Termine – Proteggere il Tuo Portafoglio Airbnb Durante la Crescita

Man mano che il tuo portafoglio Airbnb cresce e le tue strategie di finanziamento diventano più avanzate, un principio diventa sempre più importante: proteggere ciò che hai costruito. Sebbene acquisizione e crescita siano entusiasmanti, il successo a lungo termine negli investimenti Airbnb con DSCR dipende dalla tua capacità di gestire il rischio e mantenere stabilità. Senza un solido sistema di gestione del rischio, anche un portafoglio ben strutturato può diventare vulnerabile alle fluttuazioni del mercato, alle sfide operative e alle pressioni finanziarie. Questo capitolo è progettato per aiutarti a pensare come un investitore orientato al lungo termine, concentrandoti non solo sulla crescita, ma anche su sostenibilità, resilienza e controllo.

Il rischio negli investimenti Airbnb proviene da molteplici fonti, e comprendere questi rischi è il primo passo per gestirli efficacemente. Il rischio di mercato è uno dei fattori più significativi. Cambiamenti nella domanda, nella concorrenza o nelle normative locali possono influenzare occupazione e prezzi, incidendo direttamente sul reddito. Ad esempio, un aumento dell'offerta di affitti a breve termine nel tuo mercato può portare a tassi di occupazione inferiori o a una riduzione delle tariffe notturne. Allo stesso modo, cambiamenti normativi possono limitare la tua capacità di operare come Airbnb, costringendoti ad adattare la tua strategia. Essere consapevole di questi rischi e monitorare proattivamente il mercato è essenziale per mantenere stabilità.

Un'altra importante fonte di rischio è la variabilità del reddito. A differenza degli affitti a lungo termine, le proprietà Airbnb non forniscono un reddito mensile costante. I ricavi fluttuano invece in base alla stagionalità, alla domanda degli ospiti e a fattori esterni come condizioni economiche o tendenze di viaggio. Sebbene questa variabilità crei opportunità di reddito più elevato, introduce anche incertezza. Per gestire questo rischio, devi adottare pratiche di underwriting conservative, assicurandoti che le proprietà possano sostenere i propri obblighi di debito anche durante periodi più lenti.

Il rischio finanziario è strettamente legato alla leva finanziaria. Sebbene i prestiti DSCR ti consentano di crescere rapidamente, assumere troppo debito può creare pressione sul cash flow. Un'elevata leva finanziaria aumenta l'esposizione ai cambiamenti di reddito e spese, rendendo il portafoglio più sensibile alle fluttuazioni del mercato. Per mitigare questo rischio, dovresti mantenere un approccio equilibrato alla leva, evitando l'eccessiva esposizione e assicurandoti che ogni proprietà contribuisca positivamente alla tua posizione finanziaria complessiva. Questo include mantenere forti rapporti DSCR, costruire riserve ed evitare ipotesi aggressive nelle proiezioni.

Le riserve sono uno degli strumenti più efficaci per la gestione del rischio. Come discusso nei capitoli precedenti, le riserve forniscono un cuscinetto finanziario che ti consente di coprire spese durante periodi di reddito ridotto o costi imprevisti. Per gli investitori Airbnb, questo è particolarmente importante a causa della variabilità del reddito degli affitti a breve termine. Mantenere riserve pari a diversi mesi di spese per ciascuna proprietà garantisce che tu possa affrontare le difficoltà senza compromettere le operazioni o la stabilità finanziaria.

La diversificazione è un'altra strategia chiave per ridurre il rischio. Distribuendo gli investimenti tra mercati differenti, tipi di proprietà e segmenti di ospiti, puoi ridurre l'esposizione a qualsiasi singolo fattore di rischio. Ad esempio, se un mercato subisce un rallentamento, le proprietà in altri mercati possono continuare a performare bene, compensando l'impatto negativo. Allo stesso modo, diversificare i tipi di proprietà—come combinare case unifamiliari con proprietà multifamiliari—può creare un portafoglio più equilibrato e resiliente.

Il rischio operativo viene spesso trascurato ma svolge un ruolo cruciale nel successo a lungo termine. Questo include rischi legati alla gestione della proprietà, all'esperienza degli ospiti e alla manutenzione. Una cattiva gestione può portare a recensioni negative, minore occupazione e riduzione del reddito. Per mitigare questi rischi, devi stabilire sistemi operativi solidi, sia tramite autogestione sia tramite servizi professionali di property management. Questo include mantenere elevati standard di pulizia, reattività e soddisfazione degli ospiti, tutti elementi che contribuiscono a performance costanti.

Anche l'assicurazione e la protezione dalla responsabilità civile sono componenti essenziali della gestione del rischio. Le proprietà Airbnb affrontano rischi unici, inclusi danni alla proprietà, richieste di risarcimento e perdita di reddito dovuta a eventi imprevisti. Assicurarti di avere una copertura assicurativa adeguata, incluse polizze specifiche per affitti a breve termine, può proteggerti da perdite finanziarie e offrirti tranquillità. Questo è un ambito in cui tagliare i costi può portare a conseguenze significative, quindi è importante investire in una copertura completa.

Un altro aspetto importante della gestione del rischio è lo stress testing del portafoglio. Questo comporta l'analisi di come le proprietà si comporterebbero in diversi scenari, come una diminuzione dell'occupazione, un aumento delle spese o un incremento dei tassi di interesse. Comprendendo come questi fattori influenzano il tuo DSCR e il cash flow, puoi identificare potenziali vulnerabilità e adottare misure preventive per affrontarle. Questo potrebbe includere l'aggiustamento della strategia di prezzo, la riduzione delle spese o l'aumento delle riserve.

La struttura del debito è un altro fattore che influenza il rischio. Le condizioni dei tuoi prestiti, inclusi tassi di interesse, durata e struttura dei pagamenti, possono incidere sulla stabilità finanziaria. I prestiti a tasso fisso offrono prevedibilità, mentre quelli a tasso variabile possono introdurre incertezza. Come investitore, dovresti considerare attentamente la struttura del tuo debito e come si allinea con la tua tolleranza al rischio e i tuoi obiettivi a lungo termine. In molti casi, un approccio equilibrato che combini stabilità e flessibilità è ideale.

Un altro concetto avanzato è l'importanza di mantenere liquidità. Sebbene possa essere allettante reinvestire tutto il capitale disponibile in nuove acquisizioni, mantenere accesso a fondi liquidi è essenziale per gestire il rischio. Questo include non solo riserve di cassa, ma anche accesso a linee di credito o altre fonti di capitale. La liquidità offre flessibilità, permettendoti di rispondere a opportunità o sfide senza compromettere la tua strategia complessiva.

Anche il tempismo di mercato e l'adattabilità sono fondamentali. I mercati immobiliari sono ciclici e le condizioni possono cambiare nel tempo. Gli investitori di successo sono quelli capaci di adattarsi a questi cambiamenti, modificando le proprie strategie quando necessario. Questo potrebbe significare spostare il focus verso mercati differenti, modificare le strategie di prezzo o esplorare usi alternativi delle proprietà. Rimanendo informato e flessibile, puoi affrontare i cambiamenti di mercato e mantenere stabilità a lungo termine.

Un altro elemento chiave della gestione del rischio è la disciplina. È facile diventare troppo aggressivi durante periodi di forte performance, assumendo più rischio alla ricerca di rendimenti più elevati. Tuttavia, questo può creare vulnerabilità quando le condizioni cambiano. Mantenere disciplina significa rispettare i criteri di underwriting, evitare eccessiva leva finanziaria e prendere decisioni basate sui dati piuttosto che sulle emozioni. Questo approccio disciplinato è ciò che distingue gli investitori di successo a lungo termine da quelli che faticano a mantenere i propri portafogli.

Man mano che il portafoglio cresce, l'importanza di sistemi e processi diventa sempre più evidente. Gestire più proprietà richiede organizzazione, efficienza e coerenza. Questo include monitorare le performance finanziarie, controllare metriche chiave e mantenere comunicazioni chiare con il team. Implementando sistemi solidi, puoi ridurre il rischio operativo e assicurarti che il tuo portafoglio continui a performare a livelli elevati.

In definitiva, la gestione del rischio riguarda il controllo. Significa comprendere i fattori che influenzano il tuo successo e adottare misure proattive per gestirli. Concentrandoti su riserve, diversificazione, eccellenza operativa e decisioni disciplinate, puoi creare un portafoglio che non solo cresca, ma che resista anche alle difficoltà. Questa è la base della stabilità a lungo termine e dell'indipendenza finanziaria.

Stress Testing e Gestione del Rischio in un Portafoglio Airbnb

Per comprendere come la gestione del rischio funzioni nella pratica, analizziamo un portafoglio posseduto da un'investitrice di nome Natalie. Natalie possiede tre proprietà Airbnb, ciascuna finanziata con prestiti DSCR. Il reddito operativo netto mensile combinato del suo portafoglio è di 12.000 dollari e il servizio totale mensile del debito è di 9.000 dollari.

$$DSCR=\frac{\text{Reddito Operativo Netto Totale}}{\text{Servizio Totale del Debito}}$$

Nello scenario base, il DSCR di Natalie viene calcolato dividendo 12.000 dollari per 9.000 dollari, risultando in un DSCR di 1,33. Questo indica performance solide e offre un buon margine sopra il requisito minimo.

Ora sottoponiamo il portafoglio a stress test. Nel primo scenario, l'occupazione diminuisce del 15% a causa dei cambiamenti stagionali. Questo riduce il reddito operativo netto a 10.200 dollari. Dividendo questo importo per lo stesso servizio del debito di 9.000 dollari si ottiene un DSCR di 1,13. Sebbene ancora superiore a 1,0, il margine si riduce, evidenziando l'importanza di mantenere riserve.

Nel secondo scenario, le spese operative aumentano di 1.000 dollari al mese a causa di costi più elevati di manutenzione e utenze. Questo riduce il reddito operativo netto a 11.000 dollari, risultando in un DSCR di 1,22. Questo dimostra come la gestione delle spese influenzi le performance complessive.

Successivamente, consideriamo uno scenario combinato in cui sia il reddito diminuisce sia le spese aumentano. Il reddito operativo netto scende a 9.500 dollari, risultando in un DSCR di 1,06. Sebbene ancora superiore a 1,0, il portafoglio è ora molto più vicino alla soglia critica, aumentando il rischio finanziario.

Ora analizziamo il ruolo delle riserve. Natalie mantiene 60.000 dollari in riserve, equivalenti a circa sei mesi di spese. In uno scenario peggiore in cui una proprietà non genera reddito per due mesi, può utilizzare le sue riserve per coprire il deficit senza interrompere le operazioni.

Infine, consideriamo la diversificazione. Se una proprietà sottoperforma mentre le altre due mantengono forti performance, il DSCR complessivo del portafoglio può rimanere sopra 1,2. Questo dimostra come più flussi di reddito possano stabilizzare la tua posizione finanziaria.

Questo esempio illustra l'importanza dello stress testing e della gestione proattiva del rischio. Comprendendo come diversi scenari influenzano il tuo DSCR e il cash flow, puoi prepararti alle difficoltà e mantenere stabilità a lungo termine nel tuo portafoglio Airbnb.

Capitolo 12

Costruire un Sistema Completo di Investimento Airbnb — Dalla Prima Operazione alla Libertà Finanziaria

A questo punto del tuo percorso, hai imparato come qualificarti per prestiti DSCR per Airbnb, analizzare operazioni, ottimizzare le performance, espandere il tuo portafoglio, rifinanziare per crescere e gestire il rischio. Ora è il momento di unire tutto in un sistema completo e ripetibile. Questo è il passaggio finale e più importante: la transizione da singole transazioni a un business strutturato e scalabile che genera reddito costante e ricchezza a lungo termine. L'obiettivo non è più soltanto acquisire proprietà, ma costruire un sistema che identifichi continuamente opportunità, esegua operazioni e mantenga alte performance in tutto il portafoglio.

Un sistema di investimento Airbnb di successo si basa su cinque componenti fondamentali: ricerca delle operazioni, finanziamento, esecuzione, ottimizzazione e crescita. Ognuno di questi elementi deve lavorare insieme in modo fluido, creando un ciclo che alimenta crescita e stabilità. Quando questo sistema è progettato correttamente, diventa auto-rinforzante. Una singola operazione di successo porta alla successiva, e nel tempo il portafoglio cresce con maggiore efficienza e sicurezza.

La ricerca delle operazioni è il punto di partenza del sistema. Questo comporta l'identificazione di proprietà che soddisfino i tuoi criteri di investimento e abbiano il potenziale per generare un forte DSCR. A questo livello, non stai cercando proprietà in modo casuale—stai puntando a mercati specifici, tipi di proprietà e fasce di prezzo che si allineano con la tua strategia. Analizzi dati, valuti tendenze e ti concentri su opportunità che offrano sia potenziale di reddito sia valore a lungo termine. Questo approccio disciplinato assicura che ogni operazione perseguita contribuisca al sistema complessivo.

Il finanziamento è il motore che alimenta il tuo sistema. I prestiti DSCR forniscono la base, consentendoti di qualificarti in base al reddito della proprietà piuttosto che al reddito personale. Man mano che avanzi, integri strategie aggiuntive come rifinanziamenti, prestiti basati sugli asset e finanziamento creativo per ampliare le tue opzioni. La chiave è mantenere flessibilità assicurandoti che ogni operazione sia strutturata in modo da supportare sia crescita sia stabilità. Questo richiede una profonda comprensione di come i diversi strumenti finanziari interagiscano tra loro e di come influenzino il tuo DSCR e il cash flow.

L'esecuzione è il punto in cui il tuo sistema prende vita. Questo include tutto: acquisire la proprietà, completare eventuali ristrutturazioni necessarie, configurare l'annuncio Airbnb e avviare le operazioni. L'efficienza è fondamentale in questa fase. Più rapidamente ed efficacemente riesci a eseguire, prima la proprietà inizierà a generare reddito. Questo richiede organizzazione, pianificazione e un processo chiaro che possa essere replicato su più proprietà. Con il tempo, perfezionerai questo processo, riducendo costi, minimizzando ritardi e migliorando i risultati.

L'ottimizzazione è il processo continuo di miglioramento delle performance della proprietà. Come discusso nei capitoli precedenti, questo include adeguare i prezzi, aumentare l'occupazione, migliorare l'esperienza degli ospiti e controllare le spese. L'ottimizzazione non è uno sforzo una tantum—è un processo continuo che evolve con le condizioni di mercato e le preferenze degli ospiti. Migliorando costantemente le proprietà, puoi aumentare il tuo DSCR, migliorare il cash flow e rafforzare il portafoglio complessivo.

La crescita è il componente finale che collega tutto. Una volta implementato il sistema, puoi iniziare a replicarlo su più proprietà. Ogni nuova acquisizione segue lo stesso processo, beneficiando dell'esperienza e delle efficienze sviluppate. Questo crea un effetto composto, in cui il portafoglio cresce a ritmo accelerato. Crescere non significa soltanto velocità—significa mantenere qualità e coerenza durante l'espansione.

Un aspetto critico della costruzione di questo sistema è la documentazione. Ogni fase del processo dovrebbe essere chiaramente definita e documentata, dall'analisi delle operazioni alla configurazione e gestione della proprietà. Questo ti consente di replicare il successo e delegare compiti man mano che il portafoglio cresce. Che tu stia lavorando con un team o gestendo tutto autonomamente, avere un sistema documentato garantisce coerenza e riduce il rischio di errori.

Un altro elemento importante è la costruzione del team. Man mano che il portafoglio si espande, avrai bisogno di supporto per gestire efficacemente le operazioni. Questo può includere property manager, addetti alle pulizie, personale di manutenzione e supporto amministrativo. Costruire un team affidabile ti consente di concentrarti sulla strategia e sulla crescita, assicurando al contempo che le proprietà continuino a performare ad alto livello. La chiave è stabilire ruoli chiari, aspettative definite e processi di comunicazione che mantengano le operazioni fluide.

La tecnologia svolge un ruolo significativo nella creazione di un sistema efficiente. Dai software di property management agli strumenti di pricing dinamico, la tecnologia può semplificare le operazioni, migliorare il processo decisionale e aumentare le performance. Integrando questi strumenti nel sistema, puoi automatizzare attività ripetitive, monitorare metriche chiave e prendere decisioni basate sui dati. Questo non solo migliora l'efficienza, ma ti consente anche di crescere in modo più efficace.

Un altro componente chiave è il monitoraggio delle performance. Per gestire efficacemente il portafoglio, devi controllare metriche fondamentali come tasso di occupazione, tariffa media giornaliera, ricavi, spese e DSCR. Monitorando queste metriche, puoi identificare tendenze, rilevare problemi e apportare aggiustamenti informati. Questo approccio basato sui dati garantisce che il sistema rimanga efficace e continui a produrre risultati solidi nel tempo.

Anche la gestione del capitale è essenziale. Man mano che il portafoglio cresce, devi allocare le risorse in modo strategico, bilanciando reinvestimento e riserve. Questo include decidere quanto investire in nuove proprietà, quanto destinare ai miglioramenti e quanto mantenere in riserva. Una gestione efficace del capitale garantisce che tu possa continuare a crescere mantenendo stabilità finanziaria.

La mentalità è un altro fattore critico. Costruire un sistema di investimento Airbnb di successo richiede disciplina, pazienza e una prospettiva di lungo termine. Ci saranno sfide lungo il percorso, dalle fluttuazioni di mercato ai problemi operativi. La chiave è rimanere concentrati sul sistema, migliorando e adattando continuamente quando necessario. Mantenendo una mentalità forte, puoi affrontare queste sfide e restare sulla strada verso i tuoi obiettivi.

Uno degli aspetti più potenti di un sistema ben progettato è la sua capacità di creare libertà. Man mano che il portafoglio cresce e i processi diventano più efficienti, il tuo coinvolgimento nelle operazioni quotidiane può diminuire. Questo ti consente di concentrarti su strategie di livello superiore, perseguire nuove opportunità o semplicemente goderti i benefici del reddito che hai creato. Questo è l'obiettivo finale degli investimenti Airbnb—non solo successo finanziario, ma la libertà di vivere la vita alle tue condizioni.

Un'altra importante considerazione è l'eredità. Un portafoglio Airbnb ben strutturato può diventare un asset a lungo termine che genera reddito per molti anni. Costruendo un sistema solido, non stai creando reddito solo per te stesso—stai creando una base che può essere tramandata o ampliata in futuro. Questa prospettiva di lungo termine aggiunge un ulteriore livello di valore alla tua strategia di investimento.

Man mano che unisci tutti questi elementi, inizierai a capire che il successo negli investimenti Airbnb non riguarda le singole operazioni—riguarda il sistema dietro quelle operazioni. Significa creare un processo che produca costantemente risultati, indipendentemente dalle condizioni di mercato o dalle circostanze individuali. Concentrandoti sulla costruzione e sul perfezionamento del sistema, puoi raggiungere un livello di coerenza e scalabilità impossibile con un approccio frammentato.

Questo capitolo rappresenta il culmine di tutto ciò che hai imparato. Fornisce il quadro per trasformare la conoscenza in azione e l'azione in risultati. Implementando un sistema completo di investimento Airbnb, puoi superare i limiti dell'investimento tradizionale e creare un business immobiliare scalabile, sostenibile e altamente redditizio.

Costruire un Sistema che Produca Crescita Costante del DSCR

Per illustrare come funziona nella pratica un sistema completo di investimento Airbnb, seguiamo un'investitrice di nome

Sofia mentre costruisce ed espande il suo portafoglio utilizzando un approccio strutturato. Sofia inizia con una singola proprietà acquistata per 450.000 dollari con un acconto del 20%. L'importo del prestito è di 360.000 dollari a un tasso del 7,5%, risultando in un servizio totale mensile del debito di 3.200 dollari.

DSCR=\frac{\text{Reddito Operativo Netto}}{\text{Servizio del Debito}}

Nella fase iniziale, la proprietà genera un reddito operativo netto di 4.000 dollari, risultando in un DSCR di 1,25. Questo soddisfa i requisiti del finanziatore e fornisce una solida base. Attraverso l'ottimizzazione, Sofia aumenta il reddito operativo netto a 4.500 dollari, migliorando il DSCR a 1,41.

Utilizzando questo successo, Sofia applica il suo sistema per acquisire una seconda proprietà. Questa proprietà genera un reddito operativo netto di 3.800 dollari con un servizio del debito di 3.000 dollari, risultando in un DSCR di 1,27. Ora il suo portafoglio consiste in due proprietà con un reddito operativo netto combinato di 8.300 dollari e un servizio totale del debito di 6.200 dollari, risultando in un DSCR di portafoglio di 1,34.

Man mano che Sofia continua a crescere, acquisisce una terza e una quarta proprietà, ciascuna seguendo lo stesso processo. Il suo portafoglio ora genera un reddito operativo netto totale di 16.000 dollari con un servizio totale del debito di 12.000 dollari, risultando in un DSCR di 1,33. Questa coerenza è il risultato diretto del suo sistema, che garantisce che ogni proprietà soddisfi criteri specifici di performance.

Successivamente, Sofia implementa strategie di rifinanziamento per sbloccare equity e finanziare ulteriori acquisizioni. Estraendo 60.000 dollari di equity da una proprietà, finanzia l'acconto per una quinta proprietà. Questa proprietà genera un DSCR di 1,30, rafforzando ulteriormente il suo portafoglio.

Ora analizziamo uno scenario di stress. Se il reddito del portafoglio diminuisce del 10%, il reddito operativo netto scende a 14.400 dollari. Con lo stesso servizio del debito di 12.000 dollari, il DSCR diventa 1,20. Sebbene inferiore, rimane sopra la soglia minima, dimostrando la resilienza del suo sistema.

Infine, considera la crescita a lungo termine. Applicando costantemente il suo sistema, Sofia costruisce un portafoglio di sei proprietà, ciascuna generante forti rapporti DSCR. Il suo reddito operativo netto totale raggiunge 24.000 dollari al mese, con un servizio totale del debito di 18.000 dollari, risultando in un DSCR di 1,33. Questo fornisce un flusso di reddito stabile e scalabile, consentendole di raggiungere l'indipendenza finanziaria.

Questo esempio dimostra il potere di un sistema completo di investimento Airbnb. Combinando ricerca delle operazioni, finanziamento, esecuzione, ottimizzazione e crescita in un processo ripetibile, gli investitori possono costruire portafogli che generano reddito costante e ricchezza a lungo termine.

Capitolo 13

Strategie di Uscita e Ricchezza a Lungo Termine – Quando e Come Monetizzare, Mantenere o Trasformare il Tuo Portafoglio Airbnb

Tuttavia, uno degli aspetti più importanti del successo a lungo termine è comprendere come e quando uscire—o, più precisamente, come trasformare strategicamente i tuoi investimenti nel tempo. Le strategie di uscita non riguardano il fermarsi; riguardano l'evoluzione. Determinano come convertire il tuo portafoglio in ricchezza a lungo termine, liquidità o libertà di stile di vita. Senza una chiara strategia di uscita, anche un portafoglio di grande successo può diventare inefficiente o non allineato ai tuoi obiettivi a lungo termine.

Nel suo significato fondamentale, una strategia di uscita è un piano su come realizzerai il valore dei tuoi investimenti. Questo può assumere molte forme, inclusa la vendita delle proprietà, il rifinanziamento per accedere all'equity, la conversione in affitti a lungo termine o il mantenimento degli asset per generare cash flow continuo. La strategia giusta dipende dai tuoi obiettivi finanziari, dalle condizioni di mercato e dalle circostanze personali. Per alcuni investitori, l'obiettivo è costruire un portafoglio che generi reddito passivo indefinitamente. Per altri, l'obiettivo è accumulare asset e poi liquidarli al momento opportuno per raggiungere un importante traguardo finanziario.

Una delle strategie di uscita più comuni è la vendita tradizionale. Vendere una proprietà ti consente di realizzare il suo apprezzamento e convertire la tua equity in liquidità. Questo può essere particolarmente interessante nei mercati forti, dove i valori immobiliari sono aumentati significativamente. Tuttavia, la vendita comporta anche compromessi. Perdi il reddito futuro generato dalla proprietà e potresti sostenere imposte e costi di transazione. Come investitore, devi valutare attentamente questi fattori, considerando sia i benefici immediati sia le implicazioni a lungo termine.

Un'altra strategia potente è l'approccio hold-and-cash-flow. In questo modello, mantieni la proprietà degli immobili e continui a generare reddito nel tempo. Questo approccio si allinea perfettamente con gli investimenti DSCR, poiché le proprietà vengono selezionate e ottimizzate per il cash flow. Mantenendo le proprietà, benefici sia del reddito continuo sia dell'apprezzamento a lungo termine. Con il tempo, man mano che i prestiti vengono rimborsati e il reddito aumenta, il cash flow può diventare significativo, fornendo stabilità finanziaria e indipendenza.

Il rifinanziamento, come discusso nei capitoli precedenti, è un'altra forma di strategia di uscita—spesso definita una "uscita parziale". Invece di vendere la proprietà, estrai equity tramite un cash-out refinance, convertendo una parte del tuo investimento in capitale liquido pur mantenendo la proprietà. Questo ti consente di beneficiare sia della liquidità immediata sia del reddito continuo. È uno strumento potente per la crescita e la creazione di ricchezza, ma deve essere utilizzato con attenzione per evitare eccessiva leva finanziaria.

Una strategia ibrida consiste nel convertire le proprietà da affitti a breve termine a affitti a lungo termine. Questo può essere particolarmente utile nei mercati in cui le normative cambiano o la domanda di affitti brevi diminuisce. Convertendo in affitti a lungo termine, puoi stabilizzare il reddito e ridurre la complessità operativa. Sebbene ciò possa comportare ricavi inferiori rispetto ad Airbnb, offre anche cash flow più prevedibile e minori esigenze di gestione. Questa flessibilità è uno dei vantaggi dell'investire in proprietà che performano bene sotto diversi modelli di locazione.

Un'altra strategia avanzata di uscita è il consolidamento del portafoglio. Man mano che il portafoglio cresce, potresti decidere di vendere alcune proprietà e reinvestire i proventi in meno asset ma di maggior valore. Questo può semplificare la gestione, ridurre la complessità operativa e aumentare l'efficienza complessiva. Ad esempio, potresti vendere diverse proprietà più piccole e acquisire una proprietà multifamiliare più grande che generi reddito uguale o superiore. Questo approccio ti consente di ottimizzare il portafoglio mantenendo o aumentando il cash flow.

Il tempismo è un fattore critico in qualsiasi strategia di uscita. I mercati immobiliari sono ciclici e il momento delle tue decisioni può influenzare significativamente i risultati. Vendere durante un mercato al picco può massimizzare i rendimenti, mentre mantenere durante una fase di ribasso può permetterti di beneficiare dell'apprezzamento futuro. Allo stesso modo, rifinanziare in ambienti di tassi favorevoli può migliorare il cash flow e l'accesso al capitale. Come investitore, devi rimanere informato sulle condizioni di mercato ed essere pronto ad agire quando si presentano opportunità.

Anche le considerazioni fiscali svolgono un ruolo importante nelle strategie di uscita. La vendita di una proprietà può generare imposte sulle plusvalenze, mentre il rifinanziamento generalmente no. Inoltre, strategie come il 1031 exchange consentono di differire le tasse reinvestendo i proventi in proprietà simili. Comprendere queste implicazioni e lavorare con un professionista fiscale può aiutarti a strutturare le uscite in modo da massimizzare il rendimento netto.

Un'altra considerazione importante è l'allineamento con lo stile di vita. Man mano che il portafoglio cresce, le tue priorità possono cambiare. Potresti scegliere di ridurre il carico di lavoro, semplificare gli investimenti o concentrarti su altre opportunità. La tua strategia di uscita dovrebbe riflettere questi cambiamenti, consentendoti di trasformare il portafoglio in modo coerente con lo stile di vita desiderato. Questo potrebbe comportare la vendita di alcune proprietà, l'esternalizzazione della gestione o il passaggio a modelli di investimento più passivi.

La gestione del rischio è anch'essa una componente chiave della pianificazione dell'uscita. Mantenere proprietà indefinitamente ti espone a rischi di mercato e operativi, mentre vendere troppo presto può limitare il tuo potenziale a lungo termine. L'obiettivo è trovare un equilibrio che si allinei con la tua tolleranza al rischio e i tuoi obiettivi finanziari. Questo richiede una valutazione continua del portafoglio, incluse metriche di performance, condizioni di mercato e obiettivi personali.

Un altro concetto avanzato è la pianificazione dell'eredità. Il settore immobiliare può essere uno strumento potente per costruire ricchezza generazionale, fornendo reddito e asset che possono essere tramandati alle future generazioni. Strutturando il portafoglio con questa prospettiva, puoi creare una base finanziaria duratura che vada oltre la tua vita. Questo può includere pianificazione patrimoniale, strutturazione societaria e strategie di investimento a lungo termine progettate per preservare e accrescere la ricchezza nel tempo.

Quando consideri le tue strategie di uscita, è importante riconoscere che non si escludono a vicenda. Puoi utilizzare strategie differenti per proprietà diverse o in fasi diverse del tuo percorso. Ad esempio, potresti vendere alcune proprietà per realizzare guadagni, rifinanziarne altre per accedere all'equity e mantenere le restanti per il reddito a lungo termine. Questo approccio flessibile ti consente di adattarti alle circostanze in evoluzione e ottimizzare il portafoglio nel tempo.

In definitiva, le strategie di uscita riguardano il controllo. Ti permettono di determinare come e quando realizzerai il valore dei tuoi investimenti, invece di essere costretto a reagire alle circostanze esterne. Pianificando in anticipo e comprendendo le tue opzioni, puoi prendere decisioni che si allineano con i tuoi obiettivi e massimizzano i risultati.

Questo capitolo sottolinea che la fine di una fase è l'inizio di un'altra. Che tu scelga di vendere, mantenere, rifinanziare o trasformare il tuo portafoglio, la strategia di uscita è una parte fondamentale del tuo sistema di investimento complessivo. Affrontandola con lo stesso livello di strategia e disciplina delle acquisizioni, puoi assicurarti che il tuo portafoglio Airbnb continui a servire i tuoi obiettivi finanziari e personali per molti anni a venire.

Confronto tra Strategie di Uscita per una Proprietà Airbnb

Per comprendere come diverse strategie di uscita influenzino i risultati finanziari, analizziamo uno scenario reale che coinvolge un investitore di nome Daniel. Daniel possiede una proprietà Airbnb acquistata per 400.000 dollari, che ora vale 600.000 dollari dopo diversi anni di apprezzamento e ottimizzazione. Il saldo residuo del prestito è di 300.000 dollari e il suo reddito operativo netto mensile è di 4.500 dollari. Il servizio totale mensile del debito è di 2.800 dollari.

DSCR=\frac{\text{Reddito Operativo Netto}}{\text{Servizio del Debito}}

Nello scenario attuale, il DSCR di Daniel è calcolato dividendo 4.500 dollari per 2.800 dollari, risultando in un DSCR di 1,61. Questo forte rapporto riflette performance eccellenti e offre molteplici opzioni per la sua strategia di uscita.

Per prima cosa, consideriamo la vendita della proprietà. Se Daniel vende a 600.000 dollari, estingue il prestito residuo di 300.000 dollari e riceve 300.000 dollari di proventi lordi. Dopo aver considerato costi di transazione e imposte, il ricavo netto potrebbe essere di circa 260.000 dollari. Sebbene ciò fornisca liquidità immediata, perde il cash flow mensile continuo di 1.700 dollari (4.500 dollari di NOI meno 2.800 dollari di servizio del debito).

Successivamente, consideriamo un cash-out refinance. Con un loan-to-value del 75%, Daniel può rifinanziare la proprietà per 450.000 dollari. Dopo aver estinto il prestito esistente di 300.000 dollari, riceve 150.000 dollari in contanti. Il nuovo prestito aumenta il servizio mensile del debito a 3.600 dollari. Con lo stesso reddito operativo netto di 4.500 dollari, il suo DSCR diventa 1,25. Questo gli consente di accedere a capitale mantenendo la proprietà e il cash flow, sebbene a un livello ridotto.

Ora analizziamo la strategia hold. Se Daniel continua a mantenere la proprietà, conserva il DSCR attuale di 1,61 e il cash flow mensile di 1.700 dollari. Nel tempo, man mano che il prestito viene rimborsato e il reddito aumenta, il cash flow crescerà e l'equity continuerà a svilupparsi. Questo fornisce stabilità a lungo termine e accumulo di ricchezza.

Consideriamo poi una strategia ibrida. Daniel rifinanzia per accedere a 150.000 dollari e utilizza questo capitale per acquisire una seconda proprietà. La nuova proprietà genera un reddito operativo netto di 3.800 dollari con un servizio del debito di 3.000 dollari, risultando in un DSCR di 1,27. Complessivamente, il portafoglio genera ora 8.300 dollari di NOI con un servizio totale del debito di 6.600 dollari, risultando in un DSCR di 1,26.

Infine, analizziamo uno scenario di stress. Se il reddito diminuisce del 10% su entrambe le proprietà, il NOI totale scende a 7.470 dollari. Con lo stesso servizio del debito di 6.600 dollari, il DSCR del portafoglio diventa 1,13. Sebbene inferiore, rimane sopra 1,0, dimostrando resilienza.

Questo esempio evidenzia come diverse strategie di uscita influenzino sia i risultati a breve termine sia quelli a lungo termine. La vendita fornisce liquidità immediata, il rifinanziamento offre un equilibrio tra liquidità e reddito, mentre il mantenimento massimizza cash flow e apprezzamento a lungo termine. Comprendendo queste opzioni e le loro implicazioni, puoi scegliere la strategia che meglio si allinea con i tuoi obiettivi e la tua visione finanziaria.

Capitolo 14

Costruire un'Eredità con gli Investimenti Airbnb — Trasformare il Cash Flow in Ricchezza Generazionale

A questo punto del tuo percorso, sei andato oltre il semplice acquisto di proprietà e la generazione di reddito. Hai imparato come qualificarti utilizzando prestiti DSCR, espandere il tuo portafoglio, ottimizzare le performance, gestire il rischio e implementare strategie di uscita. Ora arriva l'evoluzione finale: trasformare il tuo portafoglio Airbnb in un asset di eredità che si estenda ben oltre la tua vita. È qui che gli investimenti negli affitti a breve termine diventano qualcosa di più di un business: diventano un veicolo per la ricchezza generazionale, la sicurezza finanziaria e un impatto duraturo.

La costruzione di un'eredità inizia con un cambiamento di prospettiva. Invece di concentrarti esclusivamente sui profitti a breve termine o sulla rapida espansione, inizi a pensare in termini di decenni piuttosto che di anni. Consideri come i tuoi asset si comporteranno nel tempo, come verranno gestiti e come potranno essere trasferiti o ampliati in futuro. Questa mentalità orientata al lungo termine influenza ogni decisione, dalla selezione delle proprietà e del finanziamento fino alla gestione e alle strategie di reinvestimento. Richiede disciplina, pazienza e una chiara visione di ciò che desideri raggiungere.

Uno degli aspetti più potenti degli investimenti Airbnb è la loro capacità di generare sia cash flow sia apprezzamento del valore. Il cash flow fornisce reddito immediato, sostenendo il tuo stile di vita e gli sforzi di reinvestimento. L'apprezzamento aumenta la tua equity nel tempo, creando ricchezza a lungo termine. Quando questi due elementi vengono combinati, creano un effetto composto che può aumentare significativamente il tuo patrimonio netto. Reinvestendo il cash flow in ulteriori proprietà o miglioramenti, acceleri questo processo, costruendo un portafoglio che cresce in modo esponenziale nel tempo.

Il debito svolge un ruolo unico in questo processo. Sebbene il debito sia spesso visto come una passività, negli investimenti immobiliari può essere uno strumento potente per la creazione di ricchezza. I prestiti DSCR ti consentono di sfruttare la leva finanziaria sulle tue proprietà, utilizzando capitale preso in prestito per acquisire asset generatori di reddito. Nel tempo, mentre i tuoi inquilini o ospiti ripagano di fatto i tuoi prestiti, la tua equity aumenta. Questo processo, noto come ammortamento, sposta gradualmente l'equilibrio dal debito alla proprietà piena, rafforzando la tua posizione finanziaria. Se gestita responsabilmente, la leva finanziaria ti consente di costruire un portafoglio più grande di quanto sarebbe possibile utilizzando soltanto il tuo capitale.

Un altro componente chiave della costruzione di un'eredità è la durabilità del portafoglio. Questo si riferisce alla capacità del tuo portafoglio di resistere alle fluttuazioni del mercato e continuare a generare reddito nel tempo. I portafogli duraturi sono costruiti su fondamenta solide, incluse proprietà di alta qualità, mercati diversificati e strutture finanziarie conservative. Sono progettati per performare non solo in condizioni ideali, ma anche durante periodi di incertezza. Questa resilienza è essenziale per il successo a lungo termine e garantisce che il tuo portafoglio rimanga una fonte affidabile di reddito per molti anni.

La pianificazione patrimoniale è un aspetto importante della costruzione di un'eredità. Man mano che il tuo portafoglio cresce, devi considerare come i tuoi asset saranno gestiti e trasferiti in futuro. Questo può includere la creazione di trust, la strutturazione della proprietà tramite società o la definizione di linee guida chiare per la successione. L'obiettivo è garantire che i tuoi asset vengano preservati e continuino a generare valore per le future generazioni. Sebbene ciò richieda pianificazione accurata e consulenza professionale, rappresenta un passaggio fondamentale per trasformare i tuoi investimenti in un'eredità duratura.

Un altro concetto importante è la sostituzione del reddito. Man mano che il tuo portafoglio genera cash flow crescente, può eventualmente sostituire la tua principale fonte di reddito. Questo crea indipendenza finanziaria, permettendoti di scegliere come trascorrere il tuo tempo e utilizzare le tue risorse. Per molti investitori, questo rappresenta un traguardo fondamentale: il momento in cui gli investimenti generano abbastanza reddito da coprire le spese di vita. Oltre questo punto, il reddito aggiuntivo può essere reinvestito, risparmiato o utilizzato per migliorare il tuo stile di vita.

Espandersi con intenzione è altrettanto fondamentale. Sebbene la crescita sia importante, deve essere allineata ai tuoi obiettivi a lungo termine. Questo significa concentrarsi sulla qualità piuttosto che sulla quantità, assicurandosi che ogni proprietà contribuisca positivamente al portafoglio. Significa anche evitare un'eccessiva leva finanziaria e mantenere un approccio equilibrato al rischio. Crescendo in modo intenzionale, puoi costruire un portafoglio sia redditizio sia sostenibile.

Un'altra strategia potente per la costruzione di un'eredità è il reinvestimento. Invece di spendere tutti i profitti, reinvesti una parte in nuove opportunità o miglioramenti. Questo crea un ciclo di crescita, in cui ogni proprietà contribuisce all'acquisizione della successiva. Nel tempo, questo effetto composto può aumentare significativamente la tua ricchezza. La chiave è mantenere disciplina, reinvestendo e ottimizzando costantemente il tuo portafoglio.

La diversificazione continua a svolgere un ruolo importante anche in questa fase. Distribuendo gli investimenti tra mercati e tipi di proprietà differenti, riduci il rischio e crei un flusso di reddito più stabile. Questo è particolarmente importante per i portafogli destinati all'eredità, poiché garantisce che i tuoi asset possano resistere ai cambiamenti delle condizioni di mercato. La diversificazione offre inoltre flessibilità, consentendoti di adattare la strategia quando necessario.

Un'altra considerazione importante è la sostenibilità operativa. Man mano che il portafoglio cresce, gestire più proprietà può diventare sempre più complesso. Per costruire un'eredità duratura, devi creare sistemi e processi che garantiscano performance costanti. Questo può includere l'assunzione di property manager, l'implementazione di soluzioni tecnologiche o la costruzione di un team di supporto alle operazioni. L'obiettivo è creare un sistema che possa funzionare efficacemente anche senza il tuo coinvolgimento diretto.

L'efficienza fiscale è un altro fattore chiave per massimizzare la tua eredità. Strutturando strategicamente gli investimenti, puoi ridurre le imposte e preservare una parte maggiore della tua ricchezza. Questo può includere strategie come ammortamento fiscale, rifinanziamento o scambi differiti fiscalmente. Collaborare con professionisti esperti può aiutarti a navigare queste complessità e ottimizzare i risultati finanziari.

Un altro aspetto della costruzione di un'eredità è l'impatto. Oltre ai rendimenti finanziari, i tuoi investimenti possono avere un effetto più ampio sulla comunità e sulle persone intorno a te. Questo può includere offrire alloggi di alta qualità, sostenere le imprese locali o creare opportunità per altri. Allineando i tuoi investimenti ai tuoi valori, puoi creare un'eredità che vada oltre il semplice successo finanziario.

Man mano che raggiungi questa fase, il tuo ruolo come investitore evolve. Non stai più soltanto acquistando e gestendo proprietà—stai costruendo un sistema che crea valore a lungo termine. Questo richiede un livello più elevato di pensiero strategico, concentrandosi su come ogni decisione contribuisca ai tuoi obiettivi complessivi. Richiede inoltre un impegno verso l'apprendimento continuo e il miglioramento, adattandosi ai cambiamenti del mercato e perfezionando il tuo approccio nel tempo.

In definitiva, costruire un'eredità attraverso gli investimenti Airbnb significa creare qualcosa che duri. Significa utilizzare conoscenza, risorse e disciplina per costruire un portafoglio che offra sicurezza finanziaria, indipendenza e opportunità per molti anni a venire. Concentrandoti sul valore a lungo termine, mantenendo fondamenta solide e allineando la strategia ai tuoi obiettivi, puoi trasformare i tuoi investimenti in un'eredità duratura.

Trasformare un Portafoglio Airbnb in Ricchezza a Lungo Termine

Per illustrare come un portafoglio Airbnb possa evolversi in un asset di eredità, esaminiamo il percorso di un'investitrice di nome Maria. Maria inizia con una singola proprietà che genera forte cash flow e gradualmente costruisce un portafoglio nel tempo.

La prima proprietà di Maria ha un reddito operativo netto di 4.200 dollari al mese e un servizio del debito di 3.000 dollari.

DSCR=\frac{\text{Reddito Operativo Netto}}{\text{Servizio del Debito}}

Il suo DSCR è di 4.200 dollari divisi per 3.000 dollari, risultando in un DSCR di 1,40. Questo forte rapporto le consente di qualificarsi per ulteriori prestiti DSCR e iniziare a espandere il suo portafoglio.

Nel corso dei successivi cinque anni, Maria acquisisce altre quattro proprietà, ciascuna con performance simili. Il suo portafoglio ora consiste in cinque proprietà con un reddito operativo netto combinato di 21.000 dollari al mese e un servizio totale del debito di 15.000 dollari. Questo produce un DSCR di portafoglio di 1,40.

Ora analizziamo il suo cash flow. Dopo aver coperto il servizio del debito, Maria genera 6.000 dollari al mese di cash flow netto. Reinveste una parte di questo reddito in ulteriori proprietà e miglioramenti, aumentando ulteriormente il valore e il potenziale di reddito del suo portafoglio.

Successivamente, consideriamo l'impatto dell'ammortamento del prestito. Nel tempo, i saldi dei prestiti di Maria diminuiscono, aumentando la sua equity. Dopo 10 anni, il saldo totale dei suoi prestiti si è ridotto di 200.000 dollari, mentre il valore delle proprietà è aumentato di 500.000

dollari. Questo produce un significativo incremento del suo patrimonio netto.

Ora esaminiamo uno scenario di stress. Se il reddito del suo portafoglio diminuisce del 10%, il reddito operativo netto scende a 18.900 dollari. Con lo stesso servizio del debito di 15.000 dollari, il suo DSCR diventa 1,26. Sebbene inferiore, rimane sopra la soglia minima, dimostrando la resilienza del suo portafoglio.

Infine, consideriamo i risultati a lungo termine. Man mano che Maria continua a mantenere le sue proprietà, i prestiti vengono gradualmente estinti e il suo cash flow aumenta. Una volta che le proprietà sono completamente pagate, il suo reddito mensile aumenta fino all'intero reddito operativo netto di 21.000 dollari. Questo le offre indipendenza finanziaria e una fonte stabile di reddito per il futuro.

Questo esempio dimostra come gli investimenti Airbnb, combinati con finanziamenti DSCR e una strategia disciplinata, possano creare ricchezza a lungo termine e sicurezza finanziaria. Concentrandosi su cash flow, apprezzamento e reinvestimento, gli investitori possono costruire portafogli che non solo generano reddito, ma fungono anche da asset di eredità duraturi.

dollari. Questo produce un significativo incremento del suo patrimonio netto.

Ora esaminiamo uno scenario di stress. Se il reddito del suo portafoglio diminuisse del 20%, il reddito operativo netto scende a 15.900 dollari. Con lo stesso servizio del debito di 15.000 dollari, il suo DSCR diventa 1,26. Sebbene inferiore, rimane sopra la soglia minima, dimostrando la resilienza del suo portafoglio.

Infine, consideriamo i risultati a lungo termine. Man mano che Maria continua a mantenere le sue proprietà, i prestiti vengono gradualmente estinti e il suo cash flow aumenta. Una volta che le proprietà sono completamente pagate, il suo reddito mensile aumenta fino all'intero reddito operativo netto di 21.000 dollari. Questo le offre indipendenza finanziaria e una fonte stabile di reddito per il futuro.

Questo esempio dimostra come gli investimenti Airbnb, combinati con finanziamenti DSCR e una strategia disciplinata, possano creare ricchezza a lungo termine e sicurezza finanziaria. Concentrandosi su cash flow, apprezzamento e reinvestimento, gli investitori possono costruire portafogli che non solo generano reddito, ma fungono anche da asset di credito duraturi.

Capitolo 15

Il Blueprint Finale — Dalla Strategia all'Esecuzione e alla Creazione di Ricchezza per Tutta la Vita

Mentre raggiungi il capitolo finale di questa serie, tutto converge in un unico principio fondamentale: l'esecuzione. La conoscenza senza esecuzione non produce risultati. La strategia senza azione non genera reddito. La differenza tra coloro che costruiscono ricchezza attraverso gli investimenti Airbnb e coloro che rimangono bloccati nell'analisi è la capacità di prendere ciò che hanno imparato e applicarlo in modo costante, intelligente e disciplinato nel tempo.

Questo capitolo non riguarda nuovi concetti: riguarda l'integrazione di tutto ciò che hai imparato in un blueprint chiaro e attuabile che potrai seguire per il resto della tua carriera di investitore. Dalla qualificazione DSCR e analisi delle operazioni fino all'ottimizzazione, crescita, rifinanziamento e costruzione di un'eredità, ora possiedi tutti gli strumenti. Ciò che conta adesso è come li utilizzi.

Il primo passo dell'esecuzione è la chiarezza. Devi definire esattamente ciò che stai costruendo. Vuoi raggiungere 5.000 dollari al mese di cash flow? 20.000 dollari? Indipendenza finanziaria entro cinque anni? Un portafoglio di eredità per la tua famiglia? Il tuo obiettivo determina la tua strategia. Senza un traguardo chiaro, è facile perdere la direzione, inseguire operazioni che non si allineano ai tuoi obiettivi o crescere in un modo che crea stress invece di libertà. La chiarezza crea concentrazione, e la concentrazione produce risultati.

Una volta definito il tuo obiettivo, il passo successivo è progettare il tuo piano di acquisizione. In base al reddito target, puoi determinare quante proprietà ti servono e quale livello di performance ciascuna deve raggiungere. Ad esempio, se il tuo obiettivo è 10.000 dollari al mese di cash flow netto e ogni proprietà genera 2.000 dollari, hai bisogno di cinque proprietà. Questo semplice calcolo diventa la base della tua roadmap. Da lì, puoi suddividere il piano in passaggi gestibili, concentrandoti su un'acquisizione alla volta.

La fase successiva è la disciplina nelle operazioni. Non tutte le proprietà rappresentano una buona operazione, e uno degli errori più grandi che gli investitori commettono è compromettere i propri criteri pur di muoversi più velocemente. La vera esecuzione non riguarda la velocità, ma la coerenza. Devi valutare ogni operazione in base al DSCR, al potenziale di reddito, alle spese e alle condizioni di mercato, assicurandoti che soddisfi i tuoi standard. Una sola cattiva operazione può farti arretrare significativamente, mentre una serie di operazioni solide crea slancio che accelera la tua crescita.

La strategia di finanziamento rimane centrale nell'esecuzione. I prestiti DSCR ti consentono di andare avanti senza essere limitato dal reddito personale, ma richiedono comunque pianificazione accurata. Devi assicurarti che ogni operazione soddisfi i requisiti del finanziatore mantenendo al contempo un forte cash flow. Questo include la gestione del credito, delle riserve e del profilo complessivo di rischio. Man mano che cresci, la tua strategia di finanziamento dovrebbe evolversi, incorporando rifinanziamenti, prestiti basati sugli asset e strutture creative per massimizzare l'efficienza.

L'esecuzione richiede anche velocità ed efficienza. Nei mercati competitivi, le opportunità non durano a lungo. Essere preparato—finanziariamente e operativamente—ti consente di agire rapidamente quando appare l'operazione giusta. Questo significa avere il finanziamento pronto, il team operativo organizzato e i processi chiaramente definiti. Più velocemente riesci a passare dall'analisi all'acquisizione e poi all'operatività, più rapidamente la proprietà inizierà a generare reddito.

Una volta acquisita la proprietà, l'attenzione si sposta sull'ottimizzazione. È qui che la tua operazione diventa realmente redditizia. Prezzi, occupazione, esperienza degli ospiti e gestione delle spese svolgono tutti un ruolo nel determinare il tuo reddito operativo netto. L'obiettivo è massimizzare le performance il più rapidamente possibile, aumentando il tuo DSCR e rafforzando la tua posizione finanziaria. Questo non solo migliora il cash flow attuale, ma ti posiziona anche per futuri finanziamenti e ulteriore crescita.

La coerenza è la chiave del successo a lungo termine. Una singola operazione di successo ha valore, ma un sistema ripetibile è trasformativo. Applicando lo stesso processo a ogni proprietà—ricerca, finanziamento, esecuzione e ottimizzazione—crei un ciclo che alimenta crescita continua. Nel tempo, questa coerenza porta a risultati composti, in cui ogni proprietà contribuisce all'acquisizione della successiva.

La crescita richiede equilibrio. Sebbene sia importante espandersi, è altrettanto importante mantenere stabilità. Questo significa gestire il rischio, mantenere riserve ed evitare eccessiva leva finanziaria. Crescita senza stabilità può portare a stress finanziario, mentre stabilità senza crescita limita il tuo potenziale. L'obiettivo è trovare l'equilibrio che ti consenta di espandere il portafoglio mantenendo controllo e sicurezza.

Un altro aspetto critico dell'esecuzione è l'adattabilità. I mercati cambiano, le normative evolvono e emergono nuove opportunità. Gli investitori di successo sono quelli che riescono ad adattarsi a questi cambiamenti, modificando le strategie quando necessario. Questo può significare spostarsi verso mercati differenti, esplorare nuovi tipi di proprietà o integrare nuove tecnologie. Restando flessibile e aperto al cambiamento, puoi continuare a crescere indipendentemente dalle condizioni esterne.

La mentalità gioca un ruolo significativo nell'esecuzione. Costruire un portafoglio Airbnb di successo richiede perseveranza, resilienza e disponibilità a imparare sia dai successi sia dalle sfide. Ci saranno ostacoli lungo il percorso, dalle difficoltà di finanziamento ai problemi operativi. La chiave è vedere queste sfide come opportunità per migliorare e perfezionare il tuo sistema. Una mentalità forte ti permette di rimanere concentrato e continuare ad andare avanti.

Un altro elemento importante è la gestione del tempo. Man mano che il portafoglio cresce, aumentano anche le responsabilità. Gestire più proprietà, analizzare operazioni e coordinare le operazioni può diventare impegnativo. Per mantenere efficienza, devi dare priorità alle attività, delegare quando possibile e concentrarti sulle azioni ad alto impatto. Questo ti consente di crescere senza sentirti sopraffatto.

Il ruolo dei sistemi e dell'automazione diventa sempre più importante in questa fase. Implementando strumenti e processi che semplificano le operazioni, puoi ridurre il tempo e lo sforzo necessari per gestire il portafoglio. Questo include tutto: messaggistica automatizzata, strumenti di pricing, sistemi di monitoraggio finanziario e reportistica. Questi sistemi non solo migliorano l'efficienza, ma garantiscono anche coerenza tra tutte le proprietà.

Mentre esegui il tuo piano, è importante monitorare i progressi. Questo include controllare metriche chiave come DSCR, cash flow, occupazione e ritorno sull'investimento. Analizzando regolarmente queste metriche, puoi identificare aree di miglioramento e prendere decisioni informate. Questo approccio basato sui dati garantisce che la tua strategia rimanga allineata ai tuoi obiettivi.

L'ultimo elemento del blueprint è la longevità. L'obiettivo non è soltanto costruire un portafoglio, ma mantenerlo e farlo crescere nel tempo. Questo richiede una prospettiva orientata al lungo termine, concentrandosi su qualità, stabilità e miglioramento continuo. Mantenendo solide fondamenta e adattandoti ai cambiamenti, puoi creare un portafoglio che generi reddito e ricchezza per molti anni a venire.

In definitiva, questo capitolo rappresenta la transizione dall'apprendimento all'azione. Ora possiedi la conoscenza, gli strumenti e le strategie necessarie per avere successo. Ciò che rimane è l'esecuzione. Attraverso azione costante e disciplinata, puoi trasformare i tuoi obiettivi in realtà e costruire un portafoglio che offra libertà finanziaria, stabilità e ricchezza a lungo termine.

Costruire un Portafoglio Airbnb da 20.000 Dollari al Mese

Per unire tutto ciò che hai imparato, analizziamo un esempio completo di un investitore di nome James che stabilisce l'obiettivo di generare 20.000 dollari al mese di reddito operativo netto da proprietà Airbnb.

James determina che ogni proprietà dovrebbe generare circa 4.000 dollari di reddito operativo netto. Sulla base di questo, pianifica di acquisire cinque proprietà.

$$DSCR=\frac{\text{Reddito Operativo Netto}}{\text{Servizio del Debito}}$$

Per la sua prima proprietà, James acquista una casa che genera 4.200 dollari di reddito operativo netto con un servizio del debito di 3.000 dollari, risultando in un DSCR di 1,40. Questa forte performance gli consente di qualificarsi per ulteriori prestiti DSCR.

Ripete questo processo, acquisendo altre quattro proprietà con performance simili. Il suo portafoglio ora genera un reddito operativo netto totale di 21.000 dollari al mese con un servizio totale del debito di 15.000 dollari. Questo produce un DSCR di portafoglio di 1,40.

Ora analizziamo il cash flow. Dopo aver coperto il servizio del debito, James genera 6.000 dollari al mese di cash flow netto. Questo supera il suo obiettivo iniziale e fornisce capitale aggiuntivo per il reinvestimento.

Successivamente, consideriamo l'ottimizzazione. Migliorando prezzi e occupazione, James aumenta il reddito operativo netto di ciascuna proprietà di 300 dollari al mese. Questo porta il reddito operativo netto totale a 22.500 dollari, risultando in un DSCR di portafoglio di 1,50 e aumentando il cash flow a 7.500 dollari al mese.

Ora esaminiamo uno scenario di stress. Se il reddito diminuisce del 10%, il reddito operativo netto scende a 20.250 dollari. Con lo stesso servizio del debito di 15.000 dollari, il

DSCR diventa 1,35. Questo dimostra la resilienza del suo portafoglio.

Infine, consideriamo la crescita a lungo termine. Man mano che James continua a reinvestire il cash flow e rifinanziare le proprietà, acquisisce ulteriori immobili, portando il suo portafoglio a otto proprietà. Il suo reddito operativo netto totale raggiunge 32.000 dollari al mese con un servizio totale del debito di 24.000 dollari, risultando in un DSCR di 1,33.

Questo esempio illustra come un obiettivo chiaro, combinato con esecuzione disciplinata e finanziamento DSCR, possa portare a redditi significativi e ricchezza a lungo termine. Seguendo un blueprint strutturato, gli investitori possono costruire portafogli scalabili che generano cash flow costante e indipendenza finanziaria.

Considerazioni Finali

Il Viaggio dalla Conoscenza alla Libertà Finanziaria

Mentre arrivi alla fine di questa serie, è importante riconoscere che ciò che hai acquisito è molto più di semplici informazioni: ora possiedi un quadro completo per costruire, espandere e sostenere un portafoglio redditizio di investimenti Airbnb utilizzando strategie di mutui DSCR. Dalla comprensione di come i finanziatori valutano le operazioni, alla padronanza dei calcoli del reddito, all'ottimizzazione delle performance, alla gestione del rischio e alla strutturazione di finanziamenti avanzati, sei stato dotato degli strumenti che molti investitori impiegano anni per comprendere. La differenza, ora, dipende da ciò che sceglierai di fare con questa conoscenza.

Nel suo significato più profondo, questo intero percorso riguarda la trasformazione. Si tratta di passare da una mentalità tradizionale—dove il reddito determina le opportunità—a una mentalità moderna basata sugli asset, dove le performance determinano la crescita. I prestiti DSCR rappresentano molto più di un semplice prodotto finanziario; rappresentano un nuovo modo di pensare al settore immobiliare. Eliminano molte delle barriere che storicamente hanno limitato gli investitori e le sostituiscono con un sistema che premia strategia, disciplina ed esecuzione. Questo cambiamento apre la porta a opportunità che un tempo erano irraggiungibili, permettendoti di costruire ricchezza alle tue condizioni.

Una delle lezioni più importanti di questa serie è che il successo nel settore immobiliare non dipende da una singola operazione—dipende da un sistema. Chiunque può avere fortuna con una proprietà, ma il successo sostenibile nasce da processi ripetibili. Gli investitori che costruiscono ricchezza a lungo termine sono coloro che creano sistemi capaci di produrre risultati in modo costante. Sanno come trovare operazioni, come finanziarle, come gestirle e come espanderle. Ancora più importante, perfezionano questi sistemi nel tempo, migliorando efficienza e performance con ogni nuova acquisizione.

Un altro insegnamento fondamentale è l'importanza della disciplina. In un mondo pieno di opportunità, è facile distrarsi o inseguire operazioni che non si allineano alla propria strategia. Disciplina significa attenersi ai propri criteri, analizzare attentamente le operazioni e prendere decisioni basate sui dati piuttosto che sulle emozioni. Significa comprendere che non ogni opportunità è l'opportunità giusta, e che a volte la decisione migliore è aspettare l'operazione corretta. Questo livello di disciplina è ciò che separa gli investitori di successo da coloro che faticano a ottenere risultati costanti.

La gestione del rischio è altrettanto importante. Sebbene i prestiti DSCR offrano flessibilità e scalabilità, richiedono anche responsabilità. La possibilità di qualificarsi senza reddito tradizionale non elimina il rischio—semplicemente sposta l'attenzione sulle performance delle proprietà. Ciò significa che il tuo successo dipende dalla tua capacità di selezionare operazioni solide, gestire efficacemente le proprietà e mantenere stabilità finanziaria. Costruendo riserve, diversificando il portafoglio e utilizzando ipotesi conservative, puoi proteggerti da sfide impreviste e creare una strategia di investimento resiliente.

L'ottimizzazione è il luogo in cui si realizza il vero potere degli investimenti Airbnb. A differenza di molte altre forme di immobiliare, gli affitti a breve termine ti permettono di influenzare attivamente il tuo reddito attraverso prezzi, marketing ed esperienza degli ospiti. Questo crea un'opportunità di miglioramento continuo delle performance, aumentando sia il cash flow sia il tuo DSCR. Nel tempo, questi miglioramenti si accumulano, trasformando proprietà ordinarie in asset ad alte performance che spingono il tuo portafoglio in avanti.

L'espansione è la naturale evoluzione di questo processo. Una volta costruite solide fondamenta e un sistema ripetibile, puoi iniziare ad ampliare il tuo portafoglio. I prestiti DSCR rendono questo possibile valutando ogni proprietà in modo indipendente, permettendoti di crescere senza essere limitato dal reddito personale. Tuttavia, la crescita deve essere affrontata con equilibrio. L'espansione deve essere accompagnata da stabilità, garantendo che il tuo portafoglio rimanga forte e sostenibile man mano che aumenta di dimensioni.

Un altro aspetto importante di questo percorso è l'adattabilità. Il mercato immobiliare è in costante evoluzione, influenzato dalle condizioni economiche, dai progressi tecnologici e dai cambiamenti nel comportamento dei consumatori. Gli investitori di successo sono coloro che rimangono flessibili, adattando le proprie strategie a questi cambiamenti. Che si tratti di adottare nuovi strumenti di pricing, esplorare mercati differenti o adattarsi a cambiamenti normativi, l'adattabilità garantisce competitività e crescita continua.

La mentalità gioca un ruolo cruciale nel tuo successo. Costruire un portafoglio Airbnb redditizio non è un processo rapido né facile—richiede perseveranza, pazienza e disponibilità a imparare. Ci saranno sfide lungo il percorso, dai problemi di finanziamento alle difficoltà operative. La chiave è vedere queste sfide come opportunità di crescita, utilizzandole per perfezionare il tuo sistema e migliorare il tuo approccio. Una mentalità forte ti consente di rimanere concentrato e continuare ad avanzare anche di fronte agli ostacoli.

Un altro concetto potente è quello della capitalizzazione composta. Ogni proprietà che acquisisci contribuisce al tuo reddito complessivo e alla tua equity, creando un effetto valanga che accelera la crescita. Man mano che il portafoglio si espande, il cash flow aumenta, fornendo capitale aggiuntivo da reinvestire. Allo stesso tempo, le proprietà si apprezzano di valore, aumentando ulteriormente il tuo patrimonio netto. Questo effetto composto è ciò che permette agli investitori di ottenere una significativa crescita finanziaria nel tempo.

La libertà finanziaria è l'obiettivo finale per molti investitori, ma è importante capire cosa significhi personalmente per te. Per alcuni può significare sostituire il reddito principale e avere la libertà di scegliere come trascorrere il proprio tempo. Per altri può significare costruire un'eredità capace di sostenere le future generazioni. Qualunque sia il tuo obiettivo, la tua strategia di investimento dovrebbe essere allineata alla tua visione, assicurando che i tuoi sforzi conducano ai risultati desiderati.

Un'altra considerazione importante è il ruolo del tempo. Gli investimenti immobiliari non riguardano risultati immediati—riguardano la crescita a lungo termine. Sebbene tu possa vedere successi iniziali, il vero potere del tuo portafoglio si realizzerà nel corso di anni e decenni. Questo richiede pazienza e impegno verso il processo, comprendendo che ogni passo contribuisce al tuo successo futuro.

Man mano che andrai avanti, è essenziale agire. La conoscenza da sola non crea risultati—l'esecuzione sì. Prima inizierai ad applicare ciò che hai imparato, prima inizierai a costruire slancio. Questo non significa precipitarsi in operazioni senza analisi adeguata, ma significa avanzare con fiducia e determinazione. Ogni azione che intraprendi ti avvicina ai tuoi obiettivi.

Costruire una rete di supporto può inoltre aumentare il tuo successo. Circondarti di professionisti competenti, come finanziatori, property manager e consulenti, fornisce preziose intuizioni e supporto. Inoltre, entrare in contatto con altri investitori può offrire nuove prospettive e opportunità di collaborazione. Questa rete diventa una parte importante del tuo percorso, aiutandoti a superare sfide e identificare opportunità.

Un altro elemento chiave è l'apprendimento continuo. Le strategie e gli strumenti che hai imparato in questa serie forniscono solide fondamenta, ma il processo di apprendimento non termina qui. Gli investitori di maggior successo sono coloro che continuano a formarsi, rimanendo aggiornati sulle tendenze di mercato, sulle nuove tecnologie e sulle strategie emergenti. Questo impegno verso l'apprendimento garantisce adattabilità e crescita continua.

In definitiva, questo percorso riguarda molto più del semplice successo finanziario. Riguarda la creazione di opportunità, la costruzione di sicurezza e la progettazione di una vita allineata ai tuoi obiettivi e valori. Gli investimenti Airbnb, se affrontati strategicamente, rappresentano un potente veicolo per raggiungere questi risultati. Ti permettono di prendere il controllo del tuo futuro finanziario, costruendo un portafoglio che genera reddito, cresce di valore e offre stabilità a lungo termine.

Mentre chiudi questo capitolo e inizi la fase successiva del tuo percorso, ricorda che il successo non è definito da un singolo traguardo. È definito dall'applicazione costante dei principi che hai imparato, dalla disciplina necessaria per rimanere concentrato e dalla resilienza per superare le sfide. Impegnandoti in questo processo, puoi trasformare la tua conoscenza in azione, le tue azioni in risultati e i tuoi risultati in ricchezza duratura.

L'opportunità è davanti a te. Il sistema è nelle tue mani. L'unica domanda che rimane è fino a dove sei disposto ad arrivare.

Come Ottenere una Valutazione Personalizzata per un Mutuo Airbnb

Se hai trovato utile Airbnb Mortgage Loan Fundamentals: How Short-Term Rental Mortgage Loans Work and How to Qualify, parte della Airbnb Mortgage Loan Mastery Series, potresti voler capire come queste strategie si applicano alla tua situazione finanziaria e ai tuoi obiettivi di investimento. Ogni investitore è diverso. Tipo di proprietà, posizione, reddito Airbnb previsto, punteggio di credito, capitale disponibile e linee guida dei finanziatori influenzano i programmi di prestito per cui puoi qualificarti e il modo in cui la tua operazione può essere strutturata.

Gli esempi presenti in questo libro sono progettati per spiegare come funzionano i mutui Airbnb, ma le tue reali opzioni possono essere determinate solo analizzando i tuoi numeri specifici e il tuo scenario di investimento.

Puoi richiedere una consulenza gratuita e senza impegno per un mutuo Airbnb qui:
Email: info@FinibiMortgage.com

Un professionista del credito autorizzato analizzerà la tua situazione e ti spiegherà quali opzioni di finanziamento Airbnb potrebbero essere disponibili per te, inclusi prestiti DSCR, programmi Non-QM e strategie alternative di qualificazione basate sulla tua proprietà e sul tuo profilo finanziario.

Nessun costo. Nessuna pressione. Nessun obbligo.

Cordiali saluti,

Joseph G. Correa

Originatore di Mutui Ipotecari Autorizzato

Finibi Mortgage Inc.

Informazioni sull'Autore

Joseph G. Correa è un broker ipotecario autorizzato e fondatore di Finibi Mortgage, una società con sede in Florida specializzata nel finanziamento di investimenti immobiliari, mutui per Airbnb e affitti a breve termine, e strategie di prestito alternative per investitori, imprenditori e lavoratori autonomi. Con oltre due decenni di esperienza nel settore dei mutui, underwriting e strutturazione finanziaria, Joseph ha aiutato migliaia di clienti a ottenere finanziamenti utilizzando strategie di prestito intelligenti e flessibili progettate per il moderno investimento immobiliare.

A differenza dei consulenti tradizionali che si concentrano esclusivamente sulla chiusura delle operazioni, l'approccio di Joseph è basato sulla creazione di ricchezza a lungo termine. Crede che il finanziamento ipotecario—soprattutto per Airbnb e proprietà di investimento—debba essere utilizzato come uno strumento strategico per generare flusso di cassa, scalare portafogli e raggiungere l'indipendenza finanziaria. La sua filosofia si basa sull'utilizzo intelligente della leva finanziaria, consentendo agli investitori di crescere senza dipendere esclusivamente dal reddito personale o dai limiti del credito tradizionale.

Joseph è ampiamente riconosciuto per la sua esperienza nei prestiti DSCR, nel credito Non-QM, nel finanziamento per affitti a breve termine, nei programmi basati su estratti conto bancari e nella strutturazione creativa delle operazioni. È specializzato nell'aiutare gli investitori a qualificarsi sulla base del reddito dell'immobile piuttosto che del reddito personale, rendendo possibile a principianti, lavoratori autonomi e investitori esperti acquisire e scalare portafogli Airbnb. La sua capacità di semplificare concetti complessi di finanziamento in strategie chiare e applicabili ha permesso a numerose persone di entrare nel mercato immobiliare con sicurezza.

Joseph ha creato *The Airbnb Mortgage Loan Mastery Series* per fornire agli investitori le stesse conoscenze di finanziamento utilizzate da banche, finanziatori privati e operatori immobiliari istituzionali. La sua missione è semplice: aiutare le persone a capire come qualificarsi, strutturare operazioni e scalare utilizzando strategie di prestito moderne, così da costruire business Airbnb redditizi e ricchezza a lungo termine.

Quando non è impegnato nella strutturazione di operazioni o nella scrittura, Joseph lavora direttamente con investitori e mutuatari in tutti gli Stati Uniti per progettare strategie di finanziamento personalizzate in linea con i loro obiettivi, i tipi di proprietà e i piani di crescita.

La Roadmap della Airbnb Mortgage Loan Mastery Series

La Guida Professionale per Finanziare, Scalare e Guadagnare con Proprietà in Affitto a Breve Termine

Lo scopo della *Airbnb Mortgage Loan Mastery Series* è fornire agli investitori le stesse strategie di finanziamento utilizzate da banche, finanziatori e operatori immobiliari istituzionali—tradotte in una guida chiara e pratica per investitori di tutti i livelli. Ogni libro costruisce sul precedente, accompagnandoti dalle basi fino alla strutturazione avanzata delle operazioni, alla scalabilità del portafoglio e alla creazione di ricchezza a lungo termine attraverso Airbnb e gli affitti a breve termine.

Libro 1 — Fondamenti dei Mutui Airbnb

Questo libro fornisce le basi. Imparerai come funzionano i mutui Airbnb, cosa li rende diversi dal finanziamento tradizionale e come i finanziatori valutano le proprietà a breve termine. Comprenderai i concetti fondamentali di DSCR, prestiti Non-QM e qualificazione basata sul reddito, oltre a chi può qualificarsi e come strutturare il tuo primo affare.

Libro 2 — Mutui Airbnb DSCR

Questo libro si concentra su uno degli strumenti più potenti: i prestiti DSCR. Imparerai come qualificarti utilizzando il reddito da locazione invece del reddito personale, come viene calcolato il DSCR con dati Airbnb e come posizionare la proprietà per soddisfare i requisiti dei finanziatori.

Libro 3 — Mutui Airbnb per Principianti

Pensato per chi parte da zero. Imparerai come acquistare la tua prima proprietà Airbnb, analizzare le operazioni e superare gli ostacoli più comuni con un approccio passo dopo passo.

Libro 4 — Mutui per Proprietà di Investimento Airbnb

Questo libro si concentra sulla crescita. Imparerai come finanziare più proprietà, costruire un portafoglio e ottimizzare il cash flow, introducendo strategie per acquisire e gestire immobili in modo efficiente.

Libro 5 — Mutui Airbnb Senza Verifica del Reddito

Qui entri nelle strategie avanzate. Imparerai come ottenere approvazioni senza dichiarazioni fiscali utilizzando programmi DSCR, estratti conto bancari e documentazione alternativa—ideale per lavoratori autonomi e investitori flessibili.

Libro 6 — Mutui Airbnb di Lusso

Focalizzato su immobili di fascia alta. Imparerai come finanziare proprietà di lusso, analizzare ADR elevati e bilanciare rischio e rendimento, inclusi prestiti jumbo e strategie premium.

Libro 7 — Mutui Airbnb per Case Vacanza

Questo libro spiega come finanziare seconde case e trasformarle in affitti redditizi. Imparerai le differenze tra linee guida per seconde case e proprietà di investimento, oltre a strategie ibride di utilizzo.

Libro 8 — Rifinanziamento e Strategie Cash-Out Airbnb

Imparerai come sbloccare l'equity e scalare più velocemente attraverso rifinanziamenti, cash-out e riciclo del capitale.

Libro 9 — Mutui Airbnb per Proprietà Multi-Unità

Focalizzato su duplex, triplex e piccoli multifamiliari. Imparerai a finanziare più flussi di reddito all'interno dello stesso immobile e gestire modelli di affitto misti.

Libro 10 — Strutturazione Avanzata dei Mutui Airbnb

Qui tutto si unisce. Imparerai a combinare DSCR, finanziamenti basati su asset e strategie creative per chiudere operazioni complesse e scalare senza limiti.

Questa serie è progettata per essere seguita passo dopo passo o utilizzata come riferimento in base al tuo livello. Che tu stia iniziando o costruendo un portafoglio avanzato, ogni libro offre strumenti, strategie e chiarezza per progredire.

L'obiettivo è semplice: aiutarti a capire come finanziare, strutturare e scalare investimenti Airbnb per costruire un business immobiliare redditizio e sostenibile nel lungo termine.

Disclaimer Educativo e Finanziario

Questo libro è fornito esclusivamente a scopo educativo e informativo. L'autore e l'editore non forniscono consulenza legale, fiscale, contabile o finanziaria. Sebbene Joseph G. Correa sia un originatore di mutui autorizzato, le informazioni contenute hanno lo scopo di fornire una comprensione generale dei mutui Airbnb, dei finanziamenti DSCR e delle strategie di investimento—non consulenza personalizzata.

I programmi di mutuo, le linee guida di underwriting, i tassi di interesse, i requisiti di credito e le opzioni di finanziamento per affitti a breve termine variano in base a finanziatore, mercato, stato ed economia e possono cambiare senza preavviso. Gli esempi e i calcoli presentati sono ipotetici e a scopo illustrativo e non rappresentano risultati garantiti.

Le performance degli affitti a breve termine—reddito Airbnb, occupazione e ADR—dipendono da domanda, concorrenza, stagionalità, gestione e normative locali. Prima di prendere decisioni finanziarie, è consigliato consultare professionisti qualificati che possano valutare la tua situazione specifica.

Informativa sui Rischi

Gli investimenti immobiliari e il finanziamento di affitti a breve termine comportano rischi. Il reddito Airbnb è variabile e può cambiare in base a condizioni economiche, domanda e normative. Non vi è alcuna garanzia che una proprietà raggiunga i livelli di reddito previsti.

L'uso della leva finanziaria aumenta il rischio. L'incapacità di effettuare i pagamenti del mutuo può portare a pignoramento o perdita della proprietà. I prestiti DSCR e Non-QM possono avere tassi più alti o condizioni più rigide che incidono sulla redditività.

Inoltre, modifiche normative possono influenzare la possibilità di operare un Airbnb. È responsabilità dell'investitore rispettare tutte le normative applicabili.

Questo libro presenta strategie strutturate e responsabili, ma nessuna strategia è priva di rischio. Il lettore è l'unico responsabile delle proprie decisioni finanziarie e dei risultati ottenuti.